Introdução à
antropologia teológica

SÉRIE PRINCÍPIOS DE TEOLOGIA CATÓLICA

Introdução à
antropologia teológica

Vanessa Roberta Massambani Ruthes

2ª edição

Rua Clara Vendramin, 58 . Mossunguê
CEP 81200-170 . Curitiba . PR . Brasil
Fone: (41) 2106-4170
www.intersaberes.com
editora@intersaberes.com

Conselho editorial
Dr. Alexandre Coutinho Pagliarini
Drª Elena Godoy
Dr. Neri dos Santos
Mª Maria Lúcia Prado Sabatella

Editora-chefe
Lindsay Azambuja

Gerente editorial
Ariadne Nunes Wenger

Assistente editorial
Daniela Viroli Pereira Pinto

Edição de texto
Natasha Saboredo

Capa e projeto gráfico
Iná Trigo (*design*)
Tatiana Kasyanova/Shutterstock (imagem)

Diagramação
Carolina Perazzoli

Designer responsável
Charles L. da Silva

Iconografia
Maria Elisa de Carvalho Sonda
Regina Claudia Cruz Prestes

1ª edição, 2018.
2ª edição, 2024.

Foi feito o depósito legal.

Informamos que é de inteira responsabilidade da autora a emissão de conceitos.

Nenhuma parte desta publicação poderá ser reproduzida por qualquer meio ou forma sem a prévia autorização da Editora InterSaberes.

A violação dos direitos autorais é crime estabelecido na Lei n. 9.610/1998 e punido pelo art. 184 do Código Penal.

Dados Internacionais de Catalogação na Publicação (CIP)
(Câmara Brasileira do Livro, SP, Brasil)

Ruthes, Vanessa Roberta Massambani
   Introdução à antropologia teológica / Vanessa Roberta Massambani Ruthes. -- 2. ed. -- Curitiba, PR : InterSaberes, 2024. -- (Série princípios de teologia católica)

   Bibliografia.
   ISBN 978-85-227-1278-6

   1. Antropologia teológica – Cristianismo 2. Criação 3. Deus 4. Homem (Teologia cristã) 5. Revelação 6. Salvação (Teologia) – Cristianismo I. Título. II. Série.

24-188978   CDD-233

Índices para catálogo sistemático :
1. Antropologia teológica : Cristianismo 233
Cibele Maria Dias – Bibliotecária – CRB-8/9427

Apresentação, 13
Como aproveitar ao máximo este livro, 17

1   A antropologia teológica como área do conhecimento, 23

1.1   O conceito de antropologia teológica, 26
1.2   Breve panorama histórico da antropologia teológica, 28
1.3   Antropologia teológica: perspectivas atuais de análise, 44

2   As questões fundamentais da teologia da Criação, 55

2.1   A Criação e a Salvação no Antigo Testamento, 58
2.2   A Criação no Novo Testamento: Cristo como mediador, 64
2.3   A relação entre a Criação e a Salvação, 67

3	O ser humano à luz da fé católica, 79
3.1	A *Imago Dei* nas Sagradas Escrituras, 82
3.2	A *Imago Dei* nas reflexões da Sagrada Tradição e do Magistério da Igreja, 90
3.3	O ser humano: um ser multidimensional e livre, 98
4	O pecado original e a condição de pecador, 109
4.1	A questão do pecado nas Sagradas Escrituras, 112
4.2	O desenvolvimento histórico-doutrinário do pecado original, 119
4.3	A questão do pecado e as perspectivas atuais de reflexão, 124
5	O ser humano e a graça, 137
5.1	A teologia da graça nas Sagradas Escrituras e na Tradição, 140
5.2	A experiência da graça como fonte de transformação do pecador, 150
5.3	O primado de Deus na vida humana: a predestinação e a conformidade com Cristo, 156

Considerações finais, 167
Lista de abreviaturas, 171
Referências, 173
Bibliografia comentada, 183
Respostas, 185
Sobre a autora, 193

Ao meu esposo Robson, parceiro nas ideias.

Aos monges da Abadia Nossa Senhora do Novo Mundo,
em especial a Dom Bernardo Bonowitz, ocso.

Agradeço imensamente às pessoas que contribuíram – direta ou indiretamente – para a constituição desta obra.

Gostaria de agradecer especialmente ao meu esposo, Robson Stigar, ao meu pai, João Elísio Ruthes, e ao meu diretor espiritual, Dom Bernardo Bonowitz.

E o Verbo se fez carne,
e habitou entre nós; e nós vimos a sua glória,
glória que ele tem junto ao Pai
como Filho Único,
cheio de graça e de verdade. (Jo 1,14)

Apresentação

Nesta obra, apresentamos algumas reflexões preliminares da antropologia como disciplina teológica, que busca compreender o ser humano em seu relacionamento com Deus à luz da fé e por meio da Revelação. Nesse sentido, a partir da perspectiva da Aliança, delimitamos para nossa análise alguns temas que consideramos fundamentais.

Inicialmente, discutimos a origem do ser humano, o que torna essencial o estudo da doutrina da Criação. Com base nessa concepção, segundo a qual o homem foi criado à imagem e semelhança de Deus, propomos uma reflexão sobre a condição humana tanto de filhos amados quanto de pecadores. Por fim, para esclarecer qual é nosso lugar no plano salvífico de Deus, abordamos a doutrina da graça.

Tendo em vista esses temas, estruturamos a obra em cinco capítulos.

No Capítulo 1, analisamos o conceito de *antropologia teológica*, a fim de elucidar seu objeto de estudo e sua especificidade com relação às demais formas de se estudar o ser humano. Para isso, propomos uma incursão histórico-dogmática pelas diferentes abordagens sobre o humano nessa área do conhecimento, demonstrando como adquiriu *status* de disciplina teológica. Por fim, discorremos sobre as principais teorias atualmente desenvolvidas na área, a fim de esclarecer os principais desafios para a consolidação da antropologia como disciplina teológica.

No Capítulo 2, indicamos os fundamentos da teologia da Criação e sua relação com o projeto salvífico de Deus. Respaldados no Antigo Testamento, apresentamos os fundamentos bíblicos que pressupõem a doutrina da Criação. Na sequência, examinamos a relação entre o mistério salvífico de Jesus e sua mediação no processo de Criação. Por fim, demonstramos a relação entre a história do ser humano e do mundo e a História da Salvação.

A abordagem desse capítulo está alicerçada na noção de *Economia da Salvação*, que, além de remeter a uma narração dos fatos que compõem a História da Salvação, traz consigo a dimensão da Revelação, segundo a qual Deus deseja um relacionamento próximo com sua criatura. Para isso, Ele estabelece uma Aliança desde a Criação, a qual sempre é renovada quando esse vínculo de proximidade é rompido.

No Capítulo 3, discorremos sobre o que significa ser criado à imagem e semelhança de Deus (*Imago Dei*). Como criatura à qual Ele quis se manifestar, o ser humano é convocado à comunhão íntima com o Criador. Por meio desse gesto, o ser humano também se torna responsável pela Criação, com a qual deve cooperar em seu processo de plenificação. A *Imago Dei* é considerada tema fundamental da antropologia teológica por harmonizar em si todos os aspectos essenciais para o desenvolvimento de uma doutrina sobre o humano. Nessa perspectiva, objetivando apresentar essa doutrina e seus desdobramentos na dinâmica existencial, elucidamos como é desenvolvida nas Sagradas

Escrituras, na Tradição e no Magistério da Igreja. Posteriormente, desde a noção da multidimensionalidade do ser, analisamos a constituição do ser humano diante de sua relação com Deus.

No Capítulo 4, propomos uma reflexão sobre o pecado e o pecador. Sabemos que o ser humano é uma criatura feita à imagem e semelhança de Deus, à qual Ele deu o domínio de todo o mundo e com a qual Ele deseja estabelecer um vínculo relacional. Contudo, o ser humano está inserido em uma história de pecado que se iniciou ainda na Criação e se desdobra até os dias atuais. Nesse sentido, é importante compreender os aspectos histórico-doutrinários que envolvem o pecado, a fim de poder entender sua influência e seus desdobramentos na vida do indivíduo. Dessa forma, investigamos a temática do pecado com base nas Sagradas Escrituras, de modo a esclarecer como essa questão foi desenvolvida, sobretudo no que se refere ao pecado original, buscando identificar seus fundamentos teológicos e suas implicações.

No Capítulo 5, apresentamos uma reflexão sobre a graça. Por causa da desobediência de Adão, o pecado afetou toda a humanidade, distanciando-a do Criador. Contudo, pela graça de Deus, por meio de Cristo, a Salvação foi concedida à humanidade. A graça, portanto, constitui-se como elemento fundamental no plano salvífico de Deus. Tendo isso em vista, procuramos elucidar a doutrina da graça e seus desdobramentos diante da finitude humana. Para isso, indicamos a teologia da graça presente nas Sagradas Escrituras e na Tradição, a fim de explicitar como ocorre o processo de experiência da graça e também a interface da graça com a questão da predestinação.

É possível perceber que a temática abordada é ampla e complexa, ou seja, exige bastante tempo de estudo, pesquisa e reflexão. Assim, a presente obra não tem como objetivo propor conclusões, e sim proporcionar uma introdução à área de antropologia teológica. Esperamos que esta leitura possa contribuir para seu processo de formação teológico-pastoral-eclesial.

Como aproveitar ao máximo este livro

$\mathcal{E}$ mpregamos nesta obra recursos que visam enriquecer seu aprendizado, facilitar a compreensão dos conteúdos e tornar a leitura mais dinâmica. Conheça a seguir cada uma dessas ferramentas e saiba como estão distribuídas no decorrer deste livro para bem aproveitá-las.

Introdução do capítulo

Logo na abertura do capítulo, informamos os temas de estudo e os objetivos de aprendizagem que serão nele abrangidos, fazendo considerações preliminares sobre as temáticas em foco.

questiona a atitude exploratória e não conservadora do meio ambiente (Boff, 2013). Nesse sentido, o teólogo procura desenvolver uma fundamentação filosófico-antropológica do cuidado salientando a importância de se observar toda a criação para se obter uma nova visão de mundo (Boff, 2012).

Importante!

A reflexão teológica pós-conciliar sobre o ser humano e sua relação com Deus foi de suma importância para o desenvolvimento da antropologia teológica como área do conhecimento. Entretanto, não podemos supor que toda reflexão teológica esteja conforme o Magistério da Igreja. A teologia, em primeiro lugar, deve ser entendida como uma reflexão sobre a realidade última, que, nessa perspectiva, é Deus. Essa reflexão é iniciada a partir "dos dados oferecidos por determinada tradição espiritual" (Rigney Torres Ruthes, 2014, p. 142). Nessa perspectiva, existem algumas análises antropológicas que foram fundamentadas em princípios paralelos aos da doutrina sobre a Igreja (eclesiologia) e aos dogmas, como o da Revelação[4].

No que tange ao Magistério da Igreja, é importante destacar duas cartas encíclicas que contribuem com a reflexão teológica de uma perspectiva social: a *Centesimus Annus* e a *Laudato Si'*. A primeira, publicada em 1991, no pontificado do Papa João Paulo II, busca recordar os princípios doutrinários da *Rerum Novarum*. Estabelecendo uma análise do cenário histórico da época em que foi publicado, o documento posiciona-se de forma contundente diante das desigualdades sociais

---

Importante!

Algumas das informações centrais para a compreensão da obra aparecem nesta seção. Aproveite para refletir sobre os conteúdos apresentados.

Essa divisão foi diagnosticada pela primeira vez pelo teólogo contemporâneo Karl Rahner, que, em um artigo de 1957, salienta a necessidade da existência de uma disciplina que verse sobre as questões associadas ao humano e seu relacionamento com Deus.

A construção propriamente dita da antropologia (teológica) ainda não aconteceu. A antropologia ainda é repartida nos diferentes tratados, sem uma elaboração do fundamento sistemático de sua totalidade. A antropologia, no sentido aqui indicado, é ainda uma tarefa não realizada pela teologia, naturalmente não no sentido de que se as afirmações concretas e de conteúdo desse antropologia ainda devam ser encontradas pela primeira vez – tratam-se, evidentemente, de afirmações da revelação sobre o homem –, mas sim no sentido de que a teologia católica ainda não desenvolveu nenhuma antropologia completa partindo de um ponto de vista originário. (Rahner, citado por Ladaria, 2016, p. 24)

Preste atenção!
Karl Rahner (1904-1984)

Sacerdote e teólogo da Igreja Católica. Entrou para a Companhia de Jesus em 1922. Estudou filosofia entre 1924 e 1927. Concluiu os estudos de teologia em 1933. Entre 1937 e 1964, lecionou Teologia Dogmática na Faculdade de Filosofia da Universidade de Münique. É considerado um dos mais influentes teólogos do século XX.

Publicou numerosas obras cuja preocupação central foi sempre o que ele chamou de *desafio antropológico*. Com este termo, Rahner entende o esforço por fazer possível ao ser humano moderno a sua tação de fé. Ele, por meio de seus estudos, conseguiu revitalizar a teologia do século XX. Defendia o diálogo aberto com o ateísmo e um espírito ecumênico de compreensão com outras religiões.

Preste atenção!

Apresentamos informações complementares a respeito do assunto que está sendo tratado.

Pense a respeito

A teologia de Rahner, conhecida por Teologia Transcendental e Teologia Antropológica, busca colocar o humano como agente dentro do evento da Revelação. Para o pensamento de Rahner, o homem não é o que toma a iniciativa, mas é o que está para acolher a Revelação divina. O auge da iniciativa divina está em Jesus de Nazaré, ou seja, no não divino assumido pelo Divino. A partir do evento da encarnação, todo ser humano pode radicalmente se entender como assumido por Deus, pois assim Deus o quis. [...] Assim, falar de Deus, desde a encarnação, não deve partir de premissas fora do humano, mas a partir do humano. O homem se torna o referencial para tratar do divino. [...]

Deus, segundo Rahner, encarna-se por alienar-se, ou seja, a capacidade de alienar-se na sua autoexpressão é sair de si, ir ao seu fora, chegar ao não-divino, encarnar-se, tornar-se humano [...], como o veio na encarnação. Por alienar-se a si mesmo, entrega-se, constituindo outro como sua própria realidade, mas este outro, que é o homem, em Jesus, também pela capacidade de se alienar a si mesmo em direção ao divino, ao Mistério Absoluto que é Deus, abandonando-se ao amor divino, chega ao encontro com a natureza divina. Portanto, pode-se dizer que o ato de alienar-se é a possibilidade de o homem transcender a sua pura materialidade, por meio do amor, para chegar a Deus, tal qual fez o homem de Nazaré, portanto, é possível o humano, que não o Logos, encontrar esse amor e vivê-lo de tal forma que assuma uma identidade com o divino.

Fonte: Nascimento, 2012, p. 2, 16.

A necessidade de transformação antropológica também é justificada por Rahner por aspectos históricos. Sua principal preocupação residia na questão da inteligibilidade e credibilidade da mensagem cristã. Para ele, em uma sociedade permeada pela secularização e pelo

---

Pense a respeito

Aqui você encontra reflexões que fazem um convite à leitura, acompanhadas de uma análise sobre o assunto.

Síntese

Neste capítulo, demonstramos que o relacionamento do homem com Deus perpassa, necessariamente, a dimensão da Criação. Afinal, mesmo sendo apenas uma de suas criaturas, o ser humano é o único a estabelecer um vínculo dialogal e pessoal com o Criador, que lhe confere uma vocação e uma responsabilidade. Assim, a origem humana, mais do que apenas uma questão existencial, assume em si uma dimensão de fé.

Nessa perspectiva, indicamos que a Criação deve ser entendida sob a ótica da Aliança, tendo em vista que Deus cria o ser humano para com ele estabelecer uma relação íntima. Tal concepção se desenvolve por meio da lógica da Economia da Salvação, que tem em Jesus o grande mediador da humanidade – é Ele que possibilita ao homem o caminho da Salvação.

Por fim, mostramos que essa concepção tem como finalidade a plenificação da pessoa em Deus, por meio da vivência da liberdade segundo o ordenamento natural da realidade imputado na Criação. Assim, assumindo sua vocação de cocriador, o homem compreende que, por meio da realidade que o cerca, pode encontrar a comunicação da bondade infinita de Deus.

Indicação cultural

FRANCISCO, Papa. **Laudato Si' (Louvado Seja)** sobre o cuidado da casa comum. Roma, 24 de maio de 2015. Disponível em: <http://w2.vatican.va/content/francesco/pt/encyclicals/documents/papa-francesco_20150524_enciclica-laudato-si.html>. Acesso em: 29 maio 2018.

Síntese

Ao final de cada capítulo, relacionamos as principais informações nele abordadas a fim de que você avalie as conclusões a que chegou, confirmando-as ou redefinindo-as.

Por fim, apresentamos como as reflexões teológicas têm sido conduzidas atualmente. Conforme demonstramos, essas reflexões são realizadas com base em diversas correntes, como a ontológica, a sociológica, a histórico-salvífica e a existencial. A dimensão ontológica indica que o pecado original é inerente à natureza humana. A sociológica, por sua vez, evidencia que o pecado é uma recusa de abertura do indivíduo aos seus iguais, o que contraria os ensinamentos de Cristo. A concepção histórico-salvífica se fundamenta na dinâmica da Salvação empreendida por Cristo. Por fim, na dimensão existencial, alicerçada no pressuposto de que a Revelação também é subjetiva e pessoal, entende-se o pecado com base no conceito de alienação.

Indicação cultural

SILVA, D. da. O pecado original: raízes histórico-teológicas de uma controvérsia. Revista de Cultura Teológica, v. 17, n. 66, p. 71-91, jan./mar. 2009. Disponível em: <http://revistas.pucsp.br/index.php/culturateo/article/view/15492/11571>. Acesso em: 4 jun. 2018.

Esse artigo aprofunda a análise da questão do pecado original com relação à controvérsia entre o pelagianismo e os textos de Santo Agostinho.

⌐ Indicações culturais

Para ampliar seu repertório, indicamos conteúdos de diferentes naturezas que ensejam a reflexão sobre os assuntos estudados e contribuem para seu processo de aprendizagem.

Nessa carta encíclica, o Papa Francisco, levando em consideração o valor das criaturas e a responsabilidade humana em relação a seu próprio bem-estar, faz uma profunda reflexão sobre o modelo antropológico que vivemos, tendo em vista a forma como fazemos uso dos bens naturais.

Atividades de autoavaliação

1. No livro do Gênesis, há duas narrações sobre a Criação. Com base no que foi exposto neste capítulo sobre o tema, marque V para as afirmativas verdadeiras e F para as falsas.
( ) Ambos os relatos estão cronologicamente posicionados nas Sagradas Escrituras. O primeiro está situado na época do Rei Salomão e o segundo na época do exílio judeu na Babilônia.
( ) A preocupação do primeiro relato era com a possível miscigenação cultural dos judeus durante seu exílio na Babilônia.
( ) O segundo relato relaciona-se com o cenário histórico de uma sociedade monárquica e agrícola, sendo o ser humano chamado a colaborar com Deus no processo de produzir e alimentar a vida.
( ) Os dois relatos compõem uma visão do ser humano como aquele que detém uma posição de dignidade diferenciada em face de outras criaturas, o que demonstra uma relação próxima entre ele e seu Criador.

Agora, assinale a alternativa com a sequência correta:
a) F, F, V, V.
b) V, F, F, V.
c) V, V, V, V.
d) F, V, V, V.

⌐ Atividades de autoavaliação

Apresentamos estas questões objetivas para que você verifique o grau de assimilação dos conceitos examinados, motivando-se a progredir em seus estudos.

2. A obra de García Rubio é referência para a reflexão antropológica teológica nacional. Quais são as duas perspectivas utilizadas pelo autor para desenvolver suas análises?
   a) A eclesiológica e a cristológica.
   b) A bíblica e a cristológica.
   c) A cristológica e a antropológica.
   d) A bíblica e a eclesiológica.

Atividades de aprendizagem

Questões para reflexão

1. Segundo Ross (2008, p. 29), "ser humano significa ser encarnado, ser social e linguístico, ser ao mesmo tempo pecador e agraciado, e ser sexual, entre muitas dimensões da nossa existência".

   Com base no que foi apresentado neste capítulo, procure responder à seguinte questão: Como podemos compreender a relação entre o ser humano e Deus?

2. A antropologia teológica passou a ser considerada uma disciplina teológica em meados do século XX. Leia o trecho a seguir e aponte quais são sinais os desafios metodológicos e epistemológicos dessa área do conhecimento.

   Permanece, em todo caso, o desafio de desenvolver de modo consequente um discurso teológico sobre o ser humano a partir da vida de Jesus de Nazaré. E esse desafio se desdobra em dois momentos. Em primeiro lugar, levando em conta as diferentes perspectivas e os diferentes interesses teóricos que orientaram e determinaram a elaboração do discurso teológico ao longo da história (natureza, sentido, práxis), é preciso discernir que horizonte teórico-operativo de modo mais adequado à vida de Jesus de Nazaré.

⌐ Atividades de aprendizagem

Aqui apresentamos questões que aproximam conhecimentos teóricos e práticos a fim de que você analise criticamente determinado assunto.

⌐ Bibliografia comentada

PEINER, J.; LOEHRER, M. Mysterium Salutis: compêndio de dogmática histórico-salvífica. Tradução de Frei Edmundo Binder. 4. ed. Petrópolis: Vozes, 1972. v. I: Fundamentos da dogmática histórico-salvífica.

Nesta coletânea de teologia dogmática, encontra-se entre Criação e Salvação são situados sob um diferencial a partir dos dos temas apostos.

LADARIA, L. F. Introdução à antropologia teológica. Tradução de Roberto Leal Ferreira. 7. ed. São Paulo: Loyola, 2016.

Este livro apresenta uma visão ampla de antropologia como disciplina teológica e dos da bases preliminares, questões que constituem seu objeto de estudo.

MIRANDA, M. de F. A salvação de Jesus Cristo: a doutrina da graça. São Paulo: Loyola, 2004.

Nessa obra, Miranda apresenta um estudo sobre a doutrina da graça aludida da pessoa de Cristo, segundo a concepção de ser humano que, nascido em vinculação com a Deus pela expansão da graça.

⌐ Bibliografia comentada

Nesta seção, comentamos algumas obras de referência para o estudo dos temas examinados ao longo do livro.

1
A antropologia teológica como área do conhecimento

Iniciaremos nossa análise propondo uma reflexão ampla e sistemática sobre a antropologia teológica, tendo em vista seu objeto de estudo e, consequentemente, sua especificidade com relação às demais formas de se estudar o ser humano. Para tanto, discutiremos a conceituação de antropologia teológica e seus principais fundamentos.

Neste capítulo, também realizaremos uma incursão histórico-dogmática pelas diferentes abordagens antropológicas referentes ao ser humano, demonstrando como essa área adquiriu *status* de disciplina teológica.

Por fim, discorreremos sobre as principais teorias atualmente desenvolvidas, a fim de elucidar os principais desafios para que a antropologia se consolide como disciplina teológica.

1.1 O conceito de antropologia teológica

A palavra *antropologia* é composta por duas raízes gregas: *anthropós* (que significa "homem", "ser humano") e *logos* (que, entre outras acepções, significa "estudo", "compreensão"). Dessa forma, em linhas gerais, podemos definir a antropologia como a área do conhecimento que se dedica ao estudo do ser humano e de suas realizações.

Essa definição, em um primeiro momento, parece bastante ampla, podendo ser estendida a outras áreas das ciências humanas[1]. É por isso que existem múltiplas concepções acerca da antropologia. Nesse sentido, ao considerarmos a pluralidade de metodologias nas ciências humanas, seria possível delimitar alguns vieses no âmbito da própria antropologia. Por exemplo, se a antropologia estiver relacionada com a dimensão cultural, sua abordagem e metodologia terão como objeto de estudo os costumes e os condicionamentos que compõem a cultura[2] de diferentes povos e grupos (Ladaria, 2016). Apesar de a conceituação do termo ter essa amplitude, uma definição mais restrita do que a apresentada pode excluir aspectos importantes de sua constituição.

---

1 Ciências que se dedicam ao estudo da produção criativa do ser humano. Fundamentam-se na observação e na pesquisa qualitativa. A título de exemplo, podemos citar as áreas de filosofia, história e sociologia (Barros; Lehfeld, 2007).

2 A cultura é um conjunto de significados criado pelo ser humano para construir sua concepção de mundo. Ela se constitui, portanto, como uma estrutura conceitual que diz respeito a um grupo de pessoas, sendo composta por "estruturas psicológicas por meio das quais os indivíduos ou grupos de indivíduos guiam seu comportamento. 'A cultura de uma sociedade', para citar novamente Goodenough, [...] 'consiste no que quer que seja que alguém tem que saber ou acreditar a fim de agir de uma forma aceita pelos seus membros [da sociedade]'" (Geertz, 1989, p. 19).

Assim, a antropologia deve ser compreendida pela perspectiva de seu aspecto plural, tendo em vista seus diferentes enfoques, recursos e métodos, conduzidos pelo seguinte questionamento: Quem é o ser humano? (Zilles, 2011). Entre esses enfoques está o teológico, que busca compreender o ser humano em seu relacionamento com Deus à luz da fé cristã e por meio da Revelação. Dessa forma, devemos nos questionar: Como a Revelação colabora para essa compreensão?

O Pai, em sua bondade e sabedoria, quis revelar-se aos seres humanos. Esse projeto divino realizou-se gradativamente[3], por meio de "ações e palavras intimamente ligadas entre si" e que se iluminam mutuamente (DV, n. 2), até atingir sua plenitude na encarnação do Verbo. Cristo revela o mistério do amor de Deus à humanidade e manifesta plenamente o lado humano ao próprio homem, levando-o a descobrir sua mais altíssima vocação.

Ao tornar conhecido o mistério de sua vontade por meio de Cristo, Deus possibilita que todo indivíduo tenha acesso a Ele, tornando-o partícipe da natureza divina (DV, n. 2). Em outras palavras, o ser humano reconhece sua identidade e seu chamado estabelecendo um nexo causal entre sua vida interior e suas aspirações existenciais.

Com base nessa concepção, constrói-se o tripé que sustenta o desenvolvimento das reflexões antropológicas na teologia, composto pelos seguintes itens: **objeto material**, **objeto formal** e **método**. O objeto material é o ser humano, que constitui o conteúdo da investigação. Esse objeto é analisado com base na perspectiva do objeto formal, que, nesse caso, é a relação entre o ser humano e Deus. Por fim, o método, fundamentado na Revelação cristã, é responsável por oferecer uma abordagem ordenada e sistemática (Mora, 2004).

---

3 Segundo o Catecismo da Igreja Católica (CIC), existem cinco fases da Revelação: (1) a Criação; (2) a Aliança com Noé; (3) a Aliança com Abraão; (4) a formação do Povo de Israel, e (5) a Encarnação do Verbo – na qual a Revelação atinge sua plenitude (CIC, 1993).

Por esse motivo, no processo de estudo da antropologia teológica, a abordagem de algumas temáticas é fundamental. Para compreender a origem da humanidade, é necessário aprofundar-se na questão da **Criação**; para entender o que é o ser humano, é preciso conhecer a doutrina da *Imago Dei* e sua **condição de pecador**; e, para entender para onde o ser humano vai, é salutar analisar a **teologia da graça**.

Contudo, antes de tratarmos desses temas, é importante examinarmos brevemente o itinerário histórico das reflexões da antropologia teológica e as tendências atuais.

> O ser humano reconhece sua identidade e seu chamado estabelecendo um nexo causal entre sua vida interior e suas aspirações existenciais.

1.2 Breve panorama histórico da antropologia teológica

Como área do conhecimento, a antropologia teológica surgiu e consolidou-se apenas a partir da década de 1960. Até então, as reflexões no âmbito dessa temática apareciam em outras abordagens da teologia, como a sistemática, a moral e a bíblica (Brambilla, 2009). Nesse sentido, podemos afirmar que, mesmo sem uma sistematização própria, as questões relacionadas ao ser humano sempre estiveram presentes no desenvolvimento do pensamento teológico. Assim, para compreender o processo de formação da antropologia como disciplina teológica, é importante entender os desdobramentos reflexivos e doutrinários na história do cristianismo.

1.2.1 A patrística e a escolástica: a compreensão do ser humano nas igrejas primitiva e medieval

A formação do pensamento teológico das igrejas primitiva (século I ao IV) e medieval (século IV ao XV) foi engendrado por diferentes referenciais, entre os quais podemos destacar:

1. **O Evangelho e sua transmissão por meio dos apóstolos:** É a base por meio da qual todo pensamento teológico posterior se fundamenta, tendo em vista que tanto a Escritura como a Tradição se constituem como depósito sagrado da Revelação de Deus aos seres humanos (DV, n. 10).
2. **Os elementos da tradição judaica:** A história de Israel, como povo escolhido de Deus, foi ressignificada a partir de Jesus e de sua pregação. Por meio da Palavra de Cristo, muitas das profecias das Antigas Escrituras puderam ser compreendidas, o que o levou a ser reconhecido como o Messias – nele culminava a esperança judaica (Tarnas, 2000).
3. **A tradição filosófica do helenismo:** Apesar das diferenças existentes entre os sistemas filosóficos helênicos e a doutrina cristã, os primeiros teólogos compreendiam que as antigas teorias gregas eram matrizes divinamente preparadas para a estruturação de uma explicação racional da fé, contrapondo-se, assim, à cultura pagã (Tarnas, 2000).

Essas três influências são consideradas por alguns historiadores como os pilares que sustentaram as visões de diversos teólogos da época acerca de Deus, das realidades transcendentes, do ser humano e do mundo (Tarnas, 2000).

No Período Patrístico (entre os séculos II e VIII), as reflexões sobre o ser humano passaram a ser influenciadas pela concepção de

Imago Dei, advinda da doutrina da Criação e fundamentada na corrente filosófica neoplatônica.

São Gregório de Nissa (335-394), por exemplo, afirmava que o mundo estava dividido em duas grandes realidades: uma sensível, que podemos ver e perceber por meio dos cinco sentidos, e outra inteligível, à qual podemos ter acesso apenas por meio da racionalidade (Gregório de Nissa, 2011). Para ele, o ser humano está ligado ao mundo sensível pelo corpo e ao mundo inteligível pela alma. Assim, o homem é o elo entre essas duas realidades, por meio das quais se relaciona tanto com as criaturas quanto com o Criador (Gregório de Nissa, 2011).

Da mesma forma, Máximo, o Confessor (590-662), ao compreender o ser humano como um microcosmo, acreditava que este estabelece uma ligação entre o mundo espiritual e o mundo sensível. De acordo com essa concepção, diferentemente dos outros seres criados, que apenas existem, vivem e sentem, o humano tem a liberdade de definir seu destino em virtude de sua alma racional. Por sua posição intermediária no cosmos, ele pode escolher entre os bens sensíveis ou materiais, tornando-se semelhante aos animais, ou assumir sua vocação e, por meio do exercício da virtude e com o auxílio da graça, valorizar os bens espirituais e unir-se a Deus (Gilson, 1995).

Ainda assim, foi apenas na obra de Santo Agostinho (354-430) que apareceu uma teoria antropológica mais elaborada. No livro *De Quantitate Animae*, escrito no ano de 388, Agostinho, seguindo as visões de seus antecessores, afirma que a essência do ser humano é sua alma – definida por ele como substância racional que tem como responsabilidade reger o corpo (Agostinho, 2008).

No entanto, em obras posteriores, a separação entre alma e corpo passa por uma dinâmica de reelaboração. Em *De Trinitate*, Agostinho declara que o ser humano é um ser racional e mortal, assumindo que sua essência e substancialidade já não residem apenas em sua alma (Agostinho, 1997). Contudo, é em *Civitate Dei* que, partindo dessa concepção do ser humano como animal racional, ele fundamenta a teoria da união entre o corpo e a alma. Afinal, o ser humano "não é apenas alma nem apenas corpo, mas composto de alma e de corpo. É grande verdade não ser todo o homem a alma do homem, mas sua parte superior, nem seu corpo todo o homem, mas sua parte inferior" (Agostinho, 1989, p. 120).

Importante!

A união entre alma e corpo é considerada por Santo Agostinho como um mistério admirável e incompreensível ao próprio ser humano (Agostinho, 1989). Por isso, torna-se uma questão de fé, à qual só temos acesso mediante a Revelação divina. Como o santo afirma em suas *Confissões:* "Existe, porém, algo no homem que nem sequer seu espírito conhece. Mas tu, Senhor, que o criaste, tudo conheces" (Agostinho, 1997, p. 87).

Outro tema abordado por Agostinho é a questão do pecado e da graça. De acordo com sua visão, o ser humano perdeu a graça e os dons preternaturais[4] gozados pelos seus primeiros pais no paraíso. Ainda assim, é por meio da graça que esse indivíduo é curado para, por meio do livre arbítrio, fazer o bem (Lacoste, 2004).

No Período Escolástico (do século IX ao XIV), as reflexões no campo teológico já não tinham mais como objetivo contrapor-se à cultura pagã. Isso se deve ao processo de cristianização da Europa. O objetivo tornou-se o aprofundamento teológico conceitual, que passou por um deslocamento teórico referencial mediante o redescobrimento dos escritos de Aristóteles (Tarnas, 2000).

---

4 Entre os dons preternaturais que se perderam com o pecado original, podemos citar a imortalidade, a integridade diante da concupiscência e a ausência de sofrimento ou a capacidade de manter-se impassível diante dele.

No campo da antropologia, vários pensadores do período desenvolveram teses sobre a natureza do ser humano e de seu relacionamento com Deus, como é o caso de Santo Tomás de Aquino (1225-1274). Para ele, o ser humano é uma união substancial de alma e corpo, o que se contrapõe à concepção dos pensadores da patrística – inclusive de Santo Agostinho. Em outras palavras, essas duas realidades constituem um todo único (Tomás de Aquino, 2005a).

Essa simultaneidade da natureza humana, de ser espiritual (alma) e material (corpo), permite-nos afirmar que o ser humano sintetiza toda a obra criadora, o que garante sua condição de *Imago Dei* (Tomás de Aquino, 2005a).

Tomás de Aquino também se dedicou às temáticas da ética e da moral. Nessa perspectiva, mesmo o indivíduo sendo considerado *Imago Dei*, ele é um ser de escolhas, que utiliza seu livre-arbítrio para buscar a finalidade última de sua vida. Segundo o pensador, tal finalidade é a felicidade perfeita, que só pode ser alcançada com a gradual aproximação de Deus (Tomás de Aquino, 2009). No entanto, essa aproximação, que tem na atuação da graça a justificação, é restringida pelo pecado (Tomás de Aquino, 2005b).

1.2.2 A antropologia na época da Reforma e da Contrarreforma

No século XV, iniciou-se a Reforma Protestante, influenciada pelo Renascimento e encabeçada pelo monge agostiniano Martinho Lutero (1483-1546). A Reforma apresentou uma concepção teológica que contradizia as verdades de fé assumidas pela Igreja de Roma ou se contrapunha a elas.

Os cinco pilares da Reforma Protestante

- *Sola Fide* (somente a fé): Nessa perspectiva, a Salvação é alcançada somente pela fé. Para os reformistas, as boas obras são apenas a expressão da crença, e não uma condição para a justificação, que é considerada ato de Deus e fruto da graça (Natel, 2016).
- *Sola Scriptura* (somente a Escritura): Para os reformistas, as Sagradas Escrituras constituem a única fonte de Revelação. Trata-se do fundamento da doutrina cristã, quando interpretadas a partir de si mesmas (Natel, 2016).
- *Solus Christus* (somente Cristo): De acordo com esse ensinamento, existe apenas um único mediador: Jesus Cristo. Essa concepção rejeita toda e qualquer doutrina que estabeleça a intermediação entre Deus e a humanidade, seja ela relacionada à Virgem Maria e aos Santos, seja ela relacionada a alguns dos sacramentos (Natel, 2016).
- *Sola Gratia* (somente a graça): Para os reformistas, a Salvação é um dom proveniente da graça de Deus que foi concedida ao homem por meio de Cristo, e não fruto do mérito humano (Natel, 2016).
- *Soli Deo Gloria* (glória somente a Deus): De acordo com esse ensinamento, toda glória e louvor devem ser dados somente a Deus, fonte de toda graça e Salvação. Nenhum gesto relacionado a essas atitudes deve ser relacionado às pessoas, nem mesmo às que apresentem a vida mais exemplar (Natel, 2016).

No que diz respeito à antropologia, os reformistas radicalizaram a visão agostiniana do pecado original e da graça, desconstruindo a doutrina da imagem e semelhança da escolástica. De acordo com eles, essa doutrina somente seria possível na alegria suprema da vida eterna e por meio do pleno conhecimento de Deus. Assim, nessa concepção, a não existência da *Imago Dei* ressalta a característica finita e limitada da natureza humana, que é profundamente carente de graça divina (Lacoste, 2004).

Essas e tantas outras controvérsias foram matéria de discussão no **Concílio de Trento** (1545-1563), no qual alguns temas foram atualizados com base na doutrina dos santos padres – como foi o caso do pecado original.

Tendo em vista o contexto teológico da época, os estudos sobre a graça também passaram a ter uma importância maior. Um dos pensadores que analisaram esse tema foi Francisco Suarez (1548-1617), que fundamentou suas análises em uma perspectiva realista. Em suas obras, Suarez estabelece uma relação de dependência essencial e plena entre o Criador e suas criaturas. Nesse sentido, o autor atribui ao ser humano uma importância superior ao conceber sua criação como uma totalidade de alma e corpo, realizada ainda em seu estado de inocência – perdido posteriormente pelo pecado original (Fraile, 1985). Senhor de seus atos, o indivíduo necessita da graça para que possa controlar seus vícios. A noção de *graça habitual* é fundamental nas reflexões de Suarez, visto que, para ele, daria a possibilidade de as ações se tornarem hábitos geradores de disposição para o desenvolvimento de virtudes (Fraile, 1985).

A noção de graça habitual será retomada e aprofundada pela reflexão teológica posterior, principalmente ao versar sobre o pecado e suas consequências.

1.2.3 Do século XVIII ao Concílio Vaticano II

Em razão das mudanças empreendidas pelo Iluminismo[5], o século XVIII foi marcado pelo início da secularização[6] do pensamento filosófico. Assim, é importante esclarecer que, ao contrário dos períodos anteriores, houve um grande esforço para delimitar os campos de estudo da filosofia e da teologia. No entanto, isso não significou o rompimento definitivo entre essas áreas do conhecimento, embora tenha surgido uma forte preocupação em fornecer um sentido teológico aos discursos sobre a fé.

No que tange às questões relacionadas ao ser humano, como apresentado na seção anterior, desde a Reforma a temática da graça passou a ser destacada na reflexão teológica. Nessa perspectiva, Ladaria (2016) afirma que é possível encontrar dois conjuntos de temas antropológicos:

1. **A Criação, a Elevação e o Pecado**: Esse conjunto inclui reflexões acerca da criação do Universo, do ser humano e do pecado original e suas consequências.
2. **A graça**: Esse conjunto aborda a origem, a natureza e a causa do dom da graça (Ladaria, 2016).

---

5 Linha filosófica do século XVIII que, em oposição ao pensamento medieval, propõe estabelecer a razão (racionalidade) como fundamento, guia e crítica de todas as áreas do conhecimento humano. "O Iluminismo compreende três aspectos diferentes e conexos: 1º extensão da crítica a toda e qualquer crença e conhecimento, sem exceção; 2º realização de um conhecimento que, por estar aberto à crítica, inclua e organize os instrumentos para sua própria correção; 3º uso efetivo, em todos os campos, do conhecimento assim atingindo, com o fim de melhorar a vida privada e social dos homens" (Abbagnano, 1999, p. 535).

6 A secularização pode ser entendida como o "processo de laicização no Ocidente, de 'dessacralização de atividades dependentes até então total ou parcialmente da religião'. Sendo importante citar: as artes, a política, a técnica, o comportamento, as normas éticas e morais e inclusive métodos e práticas científicas. Este processo é denominado de secularização, o qual 'nomeia a total autonomia de um mundo que se compreende de maneira imanente a partir de si mesmo' (Lacoste, 2004, p. 1629)" (Ruthes, 2016, p. 96).

Essa divisão foi diagnosticada pela primeira vez pelo teólogo contemporâneo Karl Rahner, que, em um artigo de 1957, salienta a necessidade da existência de uma disciplina que verse sobre as questões associadas ao humano e seu relacionamento com Deus:

> A construção propriamente dita da antropologia (teológica) ainda não aconteceu. A antropologia ainda é repartida nos diferentes tratados, sem uma elaboração do fundamento sistemático de sua totalidade. A antropologia, no sentido aqui indicado, é ainda uma tarefa não realizada pela teologia, naturalmente não no sentido de que as afirmações concretas e de conteúdo dessa antropologia ainda devam ser encontradas pela primeira vez – trata-se, evidentemente, de afirmações da revelação sobre o homem –, mas sim no sentido de que a teologia católica ainda não desenvolveu nenhuma antropologia completa partindo de um ponto de vista originário. (Rahner, citado por Ladaria, 2016, p. 24)

Preste atenção!
Karl Rahner (1904-1984)

Sacerdote e teólogo da Igreja Católica. Entrou para a Companhia de Jesus em 1922. Estudou filosofia entre 1924 e 1927. Concluiu os estudos de teologia em 1933. Entre 1937 e 1964, lecionou Teologia Dogmática na Faculdade de Filosofia da Universidade de Munique. É considerado um dos mais influentes teólogos do século XX.

Publicou numerosas obras cuja preocupação central foi sempre o que ele chamava de *desafio antropológico*: Com este termo, Rahner entende o esforço por fazer possível ao ser humano moderno a aceitação da fé. Ele, por meio de seus estudos, conseguiu revitalizar a teologia do século XX. Defendia o diálogo aberto com o ateísmo e um espírito ecumênico de compreensão com outras religiões.

> Foi um dos teólogos convocados para participar do Concílio Vaticano II, sendo nomeado como *peritus* e membro influente da Comissão Teológica. Ministrou diversas conferências para os grupos de bispos sobre os diversos tópicos que o Concílio tratava. Rahner foi considerado [um dos mais influentes] homens no Concílio, exercendo sua influência nos bastidores. Influenciou diretamente diversos dos documentos conciliares.
>
> Em especial, cabe ressaltar a influência que exerceu na Constituição Dogmática *Dei Verbum*, na qual deve-se a afirmação da Revelação mais como um ato de comunicação de Deus por ele mesmo, mediante, sobretudo, Jesus Cristo do que um conjunto de verdades transmitidas.

Fonte: Passos; Sanchez, 2015, p. 793.

Segundo Mondin (1979), para legitimar a transformação antropológica na teologia, Rahner aponta duas razões essenciais. A primeira é uma condição da própria Revelação, pois, por meio da encarnação, Deus se aliena de si mesmo ao vir ao encontro do ser humano, porque "a humanidade de Cristo não é apenas o instrumento [...] por meio do qual Deus [...] se torna conhecido, mas [...] aquilo que o próprio Deus vem a ser quando se separa e se despoja de si mesmo" (Mondin, 1979, p. 34). A segunda razão essencial é uma condição do próprio ser humano. Este, tendo em vista sua natureza espiritual, está aberto à dimensão do transcendente, do infinito, a Deus e, consequentemente, à possibilidade de santificação. Afinal, o ser humano "é, por definição originária, o possível outro-ser no qual se abre a autoalienação de Deus" (Rahner, 1968b, p. 278, tradução nossa).

Pense a respeito

A teologia de Rahner, conhecida por Teologia Transcendental e Teologia Antropológica, busca colocar o humano como agente dentro do evento da Revelação. Para o pensamento de Rahner, o homem não é o que toma a iniciativa, mas é o que está para acolher a Revelação divina. O auge da iniciativa divina está em Jesus de Nazaré, ou seja, no não divino assumido pelo Divino. A partir do evento da encarnação, todo ser humano pode radicalmente se entender como assumido por Deus, pois assim Deus o quis. [...] Assim, falar de Deus, desde a encarnação, não deve partir de premissas fora do humano, mas a partir do humano. O homem se torna o referencial para tratar do divino. [...]

Deus, segundo Rahner, encarna-se por alienar-se, ou seja, a capacidade de alienar-se na sua autoexpressão é sair de si, ir ao seu fora, chegar ao não divino, encarnar-se, tornar-se homem [...], como o veio na encarnação. Por alienar-se a si mesmo, entrega-se, constituindo outro como sua própria realidade, mas este outro, que é o homem, em Jesus, também pela capacidade de se alienar a si mesmo em direção ao divino, ao Mistério Absoluto que é Deus, abandonando-se ao amor divino, chega ao encontro com a natureza divina. Portanto, pode-se dizer que o ato de alienar-se é a possibilidade de o homem transcender a sua pura materialidade, por meio do amor, para chegar a Deus, tal qual fez o homem de Nazaré, portanto, é possível o humano, que não o Logos, encontrar esse amor e vivê-lo de tal forma que assuma uma identidade com o divino.

Fonte: Nascimento, 2012, p, 2, 10.

A necessidade de transformação antropológica também é justificada por Rahner por aspectos históricos. Sua principal preocupação residia na questão da inteligibilidade e credibilidade da mensagem cristã. Para ele, em uma sociedade permeada pela secularização e pelo ateísmo, temas como divinização, filiação divina e inabitabilidade de Deus não devem equivaler a poesias ideológicas ou a mitos indemonstráveis (Rahner, 1969).

Com base nessa concepção, Rahner propôs uma tradução do anúncio da Revelação para o esquema mental antropocêntrico. Para isso, ele inverteu a ótica de interpretação dos três mistérios fundamentais da doutrina cristã, a saber: a Trindade, a Encarnação e a Graça, que passaram a ser teologicamente analisados desde o ser humano – sem, contudo, perder seu caráter de mistério ou deixar de ser compreendidos como iniciativas de Deus (Mondin, 1979).

É possível perceber, dessa forma, que o período que antecede o **Concílio Vaticano II** (1962-1965) é marcado pela necessidade de rearticulação dos conteúdos referentes ao ser humano por meio da organização de um *corpus* teológico e da aplicação de um método de análise (Ladaria, 2016).

1.2.4 A reflexão antropológica no Concílio Vaticano II

A antropologia não foi um dos temas centrais do Concílio Vaticano II, visto que não há um documento que tenha sido dedicado exclusivamente a essa reflexão. Ainda assim, a Constituição Pastoral *Gaudium et Spes*, aprovada no último dia do Concílio, além de analisar a Igreja no mundo contemporâneo de então, dedica-se à reflexão antropológica com base na compreensão da situação do ser humano (Ladaria, 2016).

Já na introdução do documento, é possível identificar os pressupostos que embasarão a abordagem das temáticas antropológicas, que oferecem um paralelo entre a vida de Cristo e a do ser humano. Tendo em vista os diversos aspectos da realidade, Jesus Cristo é apresentado como fundamento e finalidade de toda a existência:

> As alegrias e as esperanças, as tristezas e as angústias dos homens de hoje, sobretudo dos pobres e de todos aqueles que sofrem, são também as alegrias e as esperanças, as tristezas e as angústias dos discípulos de Cristo; e não há realidade alguma verdadeiramente humana que não encontre eco no seu coração. Porque a sua comunidade é formada por homens, que, reunidos em Cristo, são guiados pelo Espírito Santo na sua peregrinação em demanda do reino do Pai [...]. Por este motivo, a Igreja sente-se real e intimamente ligada ao gênero humano e à sua história. (GS, n. 1)

Nessa perspectiva, a Constituição Pastoral *Gaudium et Spes* demonstra o mistério do ser humano ao considerar indagações profundas sobre o significado da dor, do mal e da morte, além de cooperar "na solução das principais questões do nosso tempo" (GS, n. 10).

Na primeira parte desse documento, há uma significativa exposição sobre a vocação humana, na qual são abordados conteúdos basilares da fé. Confira alguns deles a seguir.

A criação do ser humano à imagem e semelhança de Deus

A Sagrada Escritura ensina que o homem foi criado "à imagem de Deus", capaz de conhecer e amar o seu Criador, e por este constituído senhor de todas as criaturas terrenas, para as dominar e delas se servir, dando glória a Deus.

Fonte: GS, n. 12.

O pecado como processo de afastamento e alienação

Estabelecido por Deus num estado de santidade, o homem, seduzido pelo maligno, logo no começo da sua história abusou da própria liberdade, levantando-se contra Deus e desejando alcançar o seu fim fora d'Ele. Tendo conhecido a Deus, não lhe prestou a glória a Ele devida, mas o seu coração insensato obscureceu-se e ele serviu à criatura, preferindo-a ao Criador.

Fonte: GS, n. 13.

A constituição humana como uma unidade de corpo e alma

O homem, ser uno, composto de corpo e alma, sintetiza em si mesmo, pela sua natureza corporal, os elementos do mundo material, os quais, por meio dele, atingem a sua máxima elevação e louvam livremente o Criador. Não pode, portanto, desprezar a vida corporal; deve, pelo contrário, considerar o seu corpo como bom e digno de respeito, pois foi criado por Deus e há-de ressuscitar no último dia.

Fonte: GS, n. 14.

A dignidade da natureza intelectual humana

Participando da luz da inteligência divina, com razão pensa o homem que supera, pela inteligência, o universo. Exercitando incansavelmente, no decurso dos séculos, o próprio engenho, conseguiu ele grandes progressos nas ciências empíricas, nas técnicas e nas artes liberais. Nos nossos dias, alcançou notáveis sucessos, sobretudo na investigação e conquista do mundo material. Mas buscou sempre, e encontrou, uma verdade mais profunda.

Fonte: GS, n. 15.

A dignidade da consciência moral

No fundo da própria consciência, o homem descobre uma lei que não se impôs a si mesmo, mas à qual deve obedecer; essa voz, que sempre o está a chamar ao amor do bem e fuga do mal, soa no momento oportuno, na intimidade do seu coração: faze isto, evita aquilo. O homem tem no coração uma lei escrita pelo próprio Deus; a sua dignidade está em obedecer-lhe, e por ela é que será julgado. A consciência é o centro mais secreto e o santuário do homem, no qual se encontra a sós com Deus, cuja voz se faz ouvir na intimidade do seu ser. Graças à consciência, revela-se de modo admirável aquela lei que se realiza no amor de Deus e do próximo. Pela fidelidade à voz da consciência, os cristãos estão unidos aos demais homens, no dever de buscar a verdade e de nela resolver tantos problemas morais que surgem na vida individual e social.

Fonte: GS, n. 16.

A grandeza da liberdade humana e a importância da graça para o bom exercício desta

Mas é só na liberdade que o homem se pode converter ao bem. Os homens de hoje apreciam grandemente e procuram com ardor esta liberdade; e com toda a razão. Muitas vezes, porém, fomentam-na dum modo condenável, como se ela consistisse na licença de fazer seja o que for, mesmo o mal, contanto que agrade. A liberdade verdadeira é um sinal privilegiado da imagem divina no homem. Pois Deus quis "deixar o homem entregue à sua própria decisão", para que busque por si mesmo o seu Criador e livremente chegue à total e beatífica perfeição, aderindo a Ele.

Fonte: GS, n. 17.

A morte como símbolo de finitude e como expressão do mistério a partir da ressurreição de Cristo

É em face da morte que o enigma da condição humana mais se adensa. Não é só a dor e a progressiva dissolução do corpo que atormentam o homem, mas também, e ainda mais, o temor de que tudo acabe para sempre. [...]

> Enquanto, diante da morte, qualquer imaginação se revela impotente, a Igreja, ensinada pela revelação divina, afirma que o homem foi criado por Deus para um fim feliz, para além dos limites da miséria terrena.
>
> Fonte: GS, n. 18.

No parágrafo 22 da *Gaudium et Spes*, quando se aborda a temática de Cristo, encontramos o ponto central da discussão antropológica presente nos documentos do Concílio Vaticano II: a **encarnação**. Por meio dela, Jesus não apenas nos revela o Pai, mas também manifesta quem somos, proporcionando a cada um de nós o descobrimento de nossa vocação.

> Na realidade, o mistério do homem só no mistério do Verbo encarnado se esclarece verdadeiramente. [...] Cristo, novo Adão, na própria revelação do mistério do Pai e do seu amor, revela o homem a si mesmo e descobre-lhe a sua vocação sublime. [...]
>
> [...] Ele [Cristo] é o homem perfeito, que restitui aos filhos de Adão semelhança divina, deformada desde o primeiro pecado. Já que, n'Ele, a natureza humana foi assumida, e não destruída, por isso mesmo também em nós foi ela elevada a sublime dignidade. Porque, pela sua encarnação, Ele, o Filho de Deus, uniu-se de certo modo a cada homem. Trabalhou com mãos humanas, pensou com uma inteligência humana, agiu com uma vontade humana, amou com um coração humano. [...]
>
> Cordeiro inocente, mereceu-nos a vida com a livre efusão do seu sangue; n'Ele nos reconciliou Deus consigo e uns com os outros e nos arrancou da escravidão do demônio e do pecado. De maneira que cada um de nós pode dizer com o Apóstolo: o Filho de Deus "amou-me e entregou-se por mim" (Gál. 2,20). Sofrendo por nós, não só nos deu exemplo, para que sigamos os seus passos, mas também abriu um novo caminho, em que a vida e a morte são santificados e recebem um novo sentido.

O cristão, tornado conforme à imagem do Filho que é o primogênito entre a multidão dos irmãos, recebe "as primícias do Espírito" (Rom. 8,23), que o tornam capaz de cumprir a lei nova do amor. (GS, n. 22)

Assim, podemos compreender que "Aquele que segue Cristo, o homem perfeito, torna-se mais homem" (GS, n. 41). Ser cristão, portanto, ajuda o indivíduo a se tornar cada vez mais uma criatura humanizada (Ladaria, 2016).

É importante salientar que o fundamento metodológico da análise antropocêntrica da Constituição Pastoral *Gaudium et Spes* sofre influências, mesmo que indiretas, de toda a reflexão pré-conciliar (Coda, 1988). Afinal, foram essas reflexões que influenciaram a constituição de um *corpus* teológico para a Antropologia como disciplina nos anos posteriores ao Concílio.

1.3 Antropologia teológica: perspectivas atuais de análise

O período pós-conciliar é considerado como o período de consolidação da antropologia como disciplina teológica. Para alguns autores, as reflexões sobre o ser humano passam por um processo de renovação, principalmente por meio da influência cristológica, fruto do Concílio Vaticano II. Entretanto, isso não significa que exista uma uniformidade nas reflexões referentes às diversas questões que envolvem o humano e seu relacionamento com Deus. Diversos tratados e manuais teológicos apresentam princípios e métodos de análise diferentes quanto às diversas matérias que compõem o estudo da antropologia teológica (Ladaria, 2016; Mondin, 1979).

Entre essas obras podemos destacar a coleção *Mysterium Salutis*, que insere a perspectiva antropológica na análise da História da Salvação. Cristo é o centro de toda a Criação, que dele se origina e para Ele converge (Hamman, 1980). É por meio dessa premissa que são abordados temas como o pecado, a graça e a Salvação.

Outra obra importante é *Fundamentos de uma antropologia teológica e o Evangelho da Graça*, dos teólogos Maurizio Flick e Zóltan Alszeghy. Em uma reelaboração dos tratados sobre a Criação e a Graça com base nas reflexões do Concílio Vaticano II, os autores oferecem ao "cristocentrismo o papel de princípio da História da Salvação, embora ainda em perspectiva cronológica" (Mori, 2007, p. 7).

Na década de 1980, Luigi Serenthà (1938-1986) e outros teólogos assumiram como princípio metodológico a análise não cronológica dos temas relacionados à antropologia. Conforme salienta Ladaria (2016, p. 33), o "nexo lógico deveria predominar sobre o cronológico", ou seja, os temas passaram a ser tratados por ordem de importância no processo da Salvação. Os temas não eram vinculados à cisão da Aliança com Deus por meio do pecado – primeiro fato cronológico – e tinham como ponto de partida a centralidade da graça em Cristo (Ladaria, 2016).

Segundo Brambilla (2009), as reflexões voltadas para os temas da antropologia teológica, na América Latina e no Caribe, permaneceram por algum tempo correlacionadas à escatologia e à teologia da graça.

No Brasil, a obra de Alfonso García Rubio busca estabelecer, por meio de uma compreensão metodológica da fenomenologia e influenciado pela teologia da libertação, o *locus proprio*[7] das análises acerca do ser humano. Assim, fundamentado em uma perspectiva bíblica e cristológica, o autor analisa diversos aspectos, como o *status* do indivíduo de criatura (finitude, pecado e justificação); o chamado a se tornar

---

7 Expressão que significa literalmente "lugar próprio". Trata-se do eixo de compreensão do qual parte determinado objeto a ser definido.

mais humano em um mundo de transformações; a dimensão relacional humana (que envolve as esferas ética, social e política); e a responsabilidade do indivíduo com o mundo e o meio ambiente (Mori, 2007).

Ainda no Brasil, a teologia desenvolvida por Leonardo Boff (1938-), fortemente influenciado pela teologia da libertação e pela fenomenologia, tem contribuído para uma reflexão ímpar sobre o lugar do ser humano no mundo. Discutindo temas ligados à ecologia, principalmente sobre a sustentabilidade da Terra e o uso das tecnociências, Boff questiona a atitude exploratória e não conservadora do meio ambiente (Boff, 2003). Nesse sentido, o teólogo procura desenvolver uma fundamentação filosófico-antropológica do cuidado salientando a importância de se observar toda a criação para se obter uma nova visão de mundo (Boff, 2012).

Importante!

A reflexão teológica pós-conciliar sobre o ser humano e sua relação com Deus foi de suma importância para o desenvolvimento da antropologia teológica como área do conhecimento. Entretanto, não podemos supor que toda reflexão teológica esteja conforme o Magistério da Igreja. A teologia, em primeiro lugar, deve ser entendida como uma reflexão sobre a realidade última, que, nessa perspectiva, é Deus. Essa reflexão é iniciada a partir "dos dados oferecidos por determinada tradição espiritual" (Stigar; Torres; Ruthes, 2014, p. 142). Nessa perspectiva, existem algumas análises antropológicas que foram fundamentadas em princípios paralelos aos da doutrina sobre a Igreja (eclesiologia) e aos dogmas, como o da Revelação[8].

---

8 Podemos salientar alguns posicionamentos do teólogo Leonardo Boff, como seu relativismo eclesiológico e dogmático, que promove análises sobre o ser humano e sua relação com Deus, muitas delas presentes nos pressupostos do Magistério da Igreja (Congregação para a Doutrina da Fé, 1985).

No que tange ao Magistério da Igreja, é importante destacar duas cartas encíclicas que contribuem com a reflexão teológica de uma perspectiva social: a *Centesimus Annus* e a *Laudato Si'*. A primeira, publicada em 1991, no pontificado do Papa João Paulo II, busca recordar os princípios doutrinários da *Rerum Novarum*. Estabelecendo uma análise do cenário histórico da época em que foi publicado, o documento posiciona-se de forma contundente diante das desigualdades sociais e dos direitos da pessoa, ressaltando a importância da solidariedade (CA, n. 33). A segunda, publicada em 2015, de autoria do Papa Francisco, oferece uma ampla discussão sobre a ação humana, tendo como foco central a questão ambiental. Ao abordar a degradação do meio ambiente proveniente do desenvolvimento socioeconômico e tecnocientífico, esse documento evidencia a necessidade de se integrar o desenvolvimento da justiça social nesse contexto. Essa argumentação fundamenta uma perspectiva antropológica ampla, na qual se analisa o ser humano inserido na natureza, sendo por ela não só responsável, mas também impactado (LS, n. 116).

Tendo em vista esse breve panorama, podemos afirmar que a antropologia teológica como área do conhecimento teve um processo de consolidação nos anos posteriores ao Concílio Vaticano II. Nessa abordagem, podemos salientar os temas relacionados à necessidade de um desenvolvimento sistemático do ser cristão por meio de suas experiências concretas do cotidiano. Nelas, o indivíduo não encontra apenas o mistério de sua existência, mas também a Revelação do mistério de Deus (Aquino Júnior, 2013).

Ainda assim, existem vários desafios referentes ao desenvolvimento de um discurso teológico sobre o ser humano em sua relação com Deus, entre os quais Aquino Júnior (2013) destaca três:

> A antropologia teológica como área do conhecimento teve um processo de consolidação nos anos posteriores ao Concílio Vaticano II.

1. conceber Jesus como princípio e caminho da antropologia teológica;
2. detectar o horizonte teórico mais adequado para a apreensão da vida de Jesus e para a formulação cristã da dimensão teológica da vida humana;
3. realizar o desenvolvimento sistemático da visão e do modo cristão de ser humano.

Esses pontos balizarão as reflexões que dizem respeito à antropologia teológica e também à forma como essa área influencia a dimensão pastoral da Igreja.

Síntese

Neste primeiro capítulo, apresentamos os conceitos e as definições que envolvem a antropologia teológica, a fim de elucidar o *locus proprio* dessa área na teologia.

A antropologia, conforme demonstramos, é a área do conhecimento que busca explicar quem é o ser humano com base em diferentes perspectivas de análise. No caso da antropologia teológica, identificamos que a resposta a essa questão está contida na relação que o humano tem com Deus, à luz da fé e por meio do processo da Revelação.

Embora seja uma área já explorada há séculos, a antropologia teológica passou a ser reconhecida como área do conhecimento somente a partir de 1960.

Como mencionamos, a antropologia teológica propõe algumas reflexões para o desenvolvimento de um discurso teológico. Entre essas temáticas, destacamos a importância da formulação cristã da dimensão teológica da vida humana e a sistematização do modo de ser cristão no mundo, tendo como referência o próprio Cristo.

Indicação cultural

AQUINO JÚNIOR, F. de. A problemática da antropologia teológica. **Atualidade Teológica**, Rio de Janeiro, ano 17, n. 44, p. 267-291, maio/ago. 2013. Disponível em: <https://www.maxwell.vrac.puc-rio.br/22735/22735.PDF>. Acesso em: 28 maio 2018.

Nesse artigo, Francisco de Aquino Júnior discute o estatuto teórico da antropologia teológica por meio de uma análise de seus pressupostos e dos desafios epistemológicos que a área oferece.

Atividades de autoavaliação

1. A palavra *antropologia* deriva dos termos gregos *anthropos* e *logos*, significando literalmente "estudo do homem". Entretanto, esse significado não contempla de maneira exata o campo de estudo da antropologia como área do conhecimento. Nesse sentido, podemos definir *antropologia* como:
   a) o estudo genético do ser humano.
   b) o estudo do ser humano e de suas realizações.
   c) o estudo dos descobrimentos históricos e paleontológicos referentes ao ser humano.
   d) o estudo da psique humana.

2. De acordo com Zilles (2011), a antropologia deve ser compreendida pelo seu aspecto plural, tendo em vista os diferentes enfoques, recursos e métodos utilizados por outras áreas das ciências humanas para responder à pergunta "Quem é o ser humano?". Entre esses

enfoques está o teológico. Qual é o objetivo do enfoque antropológico teológico?
a) Compreender o ser humano em seu relacionamento com Deus à luz da fé e por meio da Revelação.
b) Compreender a relação do ser humano com a natureza criada.
c) Compreender a relação do ser humano com Deus com base na dinâmica social.
d) Compreender a relação do ser humano com ele mesmo e os sentidos que atribui à própria vida.

3. Santo Tomás de Aquino, contrapondo-se aos pensadores da patrística, concebia o ser humano como uma união substancial entre duas realidades. Quais?
a) Alma e coração.
b) Alma e espírito.
c) Alma e corpo.
d) Alma, corpo e espírito.

4. Quais eram as principais divergências apresentadas pelos reformistas (Reforma Protestante) com relação à Igreja de Roma? Marque V para as alternativas verdadeiras e F para as falsas.
( ) Os reformistas concordavam com a teoria da imagem e semelhança desenvolvida pela escolástica.
( ) Os reformistas radicalizaram a visão agostiniana de pecado original e da graça, discordando da doutrina *Imago Dei* da escolástica.

( ) Eles compreendiam que o ser humano é criado à imagem e semelhança de Deus e que ele tem o pleno conhecimento já nesta vida terrena de quem é seu Criador.

( ) Eles consideravam que a ausência da *Imago Dei* não afeta a natureza humana, que é eterna.

Agora, assinale a alternativa com a sequência correta:
a) V, F, V, F.
b) F, F, F, V.
c) F, V, F, F.
d) F, V, F, V.

5. A obra de García Rubio é referência para a reflexão antropológica teológica nacional. Quais são as duas perspectivas utilizadas pelo autor para desenvolver suas análises?
a) A eclesiológica e a cristológica.
b) A bíblica e a cristológica.
c) A cristológica e a antropológica.
d) A bíblica e a eclesiológica.

Atividades de aprendizagem

Questões para reflexão

1. Segundo Ross (2008, p. 29), "ser humano significa ser encarnado, ser social e linguístico, ser ao mesmo tempo pecador e agraciado, e ser sexual, entre muitas dimensões da nossa existência".

   Com base no que foi apresentado neste capítulo, procure responder à seguinte questão: Como podemos compreender a relação entre o ser humano e Deus?

2. A antropologia teológica passou a ser considerada uma disciplina teológica em meados do século XX. Leia o trecho a seguir e aponte

quais são ainda os desafios metodológicos e epistemológicos dessa área do conhecimento.

Permanece, em todo caso, o desafio de desenvolver de modo consequente um discurso teológico sobre o ser humano a partir da vida de Jesus de Nazaré. E esse desafio se desdobra em dois momentos. Em primeiro lugar, levando em conta as diferentes perspectivas e os diferentes interesses teóricos que orientaram e determinaram a elaboração do discurso teológico ao longo da história (natureza, sentido, práxis), é preciso discernir que horizonte teórico apreende de modo mais adequado a vida de Jesus de Nazaré e, consequentemente, permite explicitar mais e melhor a especificidade cristã da antropologia. Em segundo lugar, é preciso desenvolver sistematicamente e de modo consequente a visão e o modo cristão de ser humano a partir daquela vida concreta na qual reconhecemos e confessamos a revelação plena e definitiva do mistério de Deus e do mistério do homem.

De modo que a problemática da especificidade cristã da *AT*[9] se desenvolve em três momentos distintos, mas mutuamente implicados e articulados: Jesus Cristo como "princípio" e "caminho" da *AT*; horizonte teórico mais adequado para apreensão da vida de Jesus e para a formulação cristã da dimensão teológica da vida humana; desenvolvimento sistemático da visão e do modo cristão do ser humano. Mas isso extrapola os limites e as pretensões desse trabalho.

Temos, então, explicitados e formulados, ainda que a modo de esboço, os três grandes desafios epistemológicos da *AT*, tal como foram propostos e formulados por Ladaria: seu "objeto material" (o ser humano), seu "ponto de vista" ou seu "objeto formal" (a

---

9 Antropologia teológica.

relação do homem com Deus) e seu "método" ou sua especificidade cristã (revelação em Jesus Cristo). No fundo, eles se resumem a duas grandes questões que, em sua unidade, constituem uma espécie de método fundamental ou de pressupostos epistemológicos fundamentais da *AT*: seu **assunto** (dimensão teologal da vida humana ou respectividade e relação do homem com Deus) e seu **método** (a partir da vida concreta de Jesus de Nazaré).

Fonte: Aquino Júnior, 2013, p. 285-286, grifo do original.

Atividade aplicada: prática

1. Elabore uma tabela comparativa que contemple a concepção teológica antropológica que corresponde a cada um dos tempos históricos indicados a seguir.

Período Patrístico e Período Escolástico	Reforma e Contrarreforma	Do século XVIII ao Concílio Vaticano II	A reflexão antropológica no Concílio Vaticano II

2
As questões fundamentais da teologia da Criação[1]

---
[1] Todas as passagens bíblicas indicadas neste capítulo são citações de Bíblia (2017).

No capítulo anterior, apresentamos a trajetória da construção da antropologia como disciplina teológica; neste capítulo, aprofundaremos a análise dos temas específicos que constituem seu objeto de estudo. Nosso foco principal serão os fundamentos da teologia da Criação e sua relação com o projeto salvífico de Deus.

Para tanto, indicaremos os fundamentos bíblicos que pressupõem a doutrina da Criação tendo como base o Antigo Testamento. Posteriormente, examinaremos a relação existente entre o mistério salvífico de Jesus e sua mediação no processo da Criação. Por fim, demonstraremos a relação existente entre a história do homem e do mundo e a História da Salvação.

É importante salientar que a abordagem deste capítulo está fundamentada na noção de *Economia da Salvação*[2]. Essa concepção não é apenas uma narração dos fatos que compõem a História da Salvação, visto que contempla a dimensão da Revelação, na qual Deus é aquele que deseja um relacionamento próximo com sua criatura. Para isso, Ele estabelece uma aliança desde a Criação, que é renovada quando o vínculo de proximidade é rompido. Ainda assim, é em Cristo que é estabelecida uma nova e definitiva Aliança de Salvação (CIC, n. 1066).

2.1 A Criação e a Salvação no Antigo Testamento

No Antigo Testamento, no livro do Gênesis, a Criação é apresentada em duas perspectivas complementares: o homem é uma entre todas as criaturas de Deus, mas, ao mesmo tempo, é aquela que tem uma relação diferenciada com o Criador. "O ser humano é um ser exclusivo, amado e criado pessoalmente por Deus, de quem é a imagem e com quem mantém uma relação dialogal" (Ribeiro, 1995, p. 32).

---

2 Usamos a expressão *Economia da Salvação* para designar o processo de Revelação que se realiza "por meio de ações e palavras intimamente relacionadas entre si, de tal maneira que as obras, realizadas por Deus na História da Salvação, manifestam e confirmam a doutrina e as realidades significadas pelas palavras; e as palavras, por sua vez, declaram as obras e esclarecem o mistério nelas contido" (DV, n. 2).

A Criação no livro do Gênesis

Em Gênesis, há duas narrações referentes à criação do ser humano. Segundo Ribeiro (2007), nesses textos, não existe a preocupação de expressar uma concepção científica do início do Universo, mas de dar respostas a questões que impactaram a vida do povo de Deus em diferentes tempos históricos e esclarecer a origem do homem nessa perspectiva. Para esse autor, o povo das Sagradas Escrituras

> Tem uma visão centrada em Deus, atribui tudo ao Criador. [...] Dele procedem todas as coisas. Ele as fez, por um grande amor, a fim de que tudo quanto viesse a existir na história e no cosmo participasse de seu amor gratuito, livre e benevolente. [...] A criação para o israelita – e hoje para o crente – é uma projeção do mistério da salvação de Deus, para fora de si mesmo. (Ribeiro, 2007, p. 82)

O primeiro relato da Criação (Gn, 1) surgiu no período de **Cativeiro da Babilônia**[3] (586-538 a.C.) e é fruto da tradição sacerdotal, que, preocupada com a possível miscigenação cultural, desenvolveu uma cosmogonia para reafirmar a identidade do povo judeu. O cerne de toda a narrativa está na criação da humanidade, demonstrando sua centralidade (Storniolo; Balancin, 1991).

O segundo relato é anterior ao primeiro, embora tenha sido inserido depois. Data da época do reinado de Salomão (971-931 a.C.) e apresenta condições histórico-culturais bem diferentes, visto que a sociedade da época era monárquica e de base econômica agrícola. Por esse motivo, o homem – cuja criação tem como origem a terra na qual Deus lhe forma, insuflando em suas narinas o espírito da vida – é chamado a contribuir com o Criador no

---

3 Episódio em que os judeus (nesse caso, os hebreus do reino de Judá) foram forçadamente exilados e escravizados no Império da Babilônia.

processo de produzir e alimentar a vida. A mulher, nesse relato, é criada posteriormente, como companheira do homem em sua tarefa cocriadora (Storniolo; Balancin, 1991).

Dessa forma, podemos compreender que, apesar das diferenças histórico-culturais e de intencionalidade, ambas as narrativas da Criação têm uma finalidade única: a de apresentar um modelo de ser humano. De acordo com Ribeiro (2007), o homem pode ser identificado mediante alguns elementos:

- a condição criatural do ser humano, a qual o diferencia de Deus;
- a condição especial em que fora criado: a de imagem e semelhança;
- a relação dialógica com o Criador, que possibilita um relacionamento próximo a Ele;
- a dignidade especial que lhe foi dada, por não estar apenas relacionado com a matéria criada, mas por ter como princípio vivificante o sopro de Deus;
- a identificação de sua natureza como boa, a ponto de Ele querer sempre acompanhá-lo, estabelecendo alianças.

O povo de Israel, de forma gradativa, descobre o significado da origem do ser humano em Deus, mediante uma dimensão da fé. Esse processo colabora para o desenvolvimento de uma visão histórica em que os acontecimentos apresentam uma conotação teológica. Como afirma Ribeiro (1995, p. 39), "os relatos da criação não são lidos senão em referência ao plano de Deus, no seu amor dispensado à humanidade". Assim, a criação do Universo passou a ser uma afirmação religiosa, que tem como pressuposto o testemunho e a Revelação de Deus para seu povo.

Na literatura profética, encontramos o reconhecimento do Deus Criador por intermédio da figura do Deus Salvador.

Importante!

Em suas análises hermenêuticas das Sagradas Escrituras, Von Rad (1990) constatou que a tradição literária relacionada ao êxodo é anterior a toda a tradição que narra a Criação. Nesse sentido, a profissão de fé no Deus Salvador – que liberta seu povo da escravidão do Egito – é anterior à profissão de fé no Deus Criador. Segundo García Rubio (2006, p. 145), a "explicitação e a elaboração da fé na criação se realizaram no contexto da experiência israelita do encontro com o Deus Salvador".

De acordo com Gunneweg (2005), Deus é anunciado pelos profetas como aquele que conduziu Israel pelo deserto e que conduzirá seu povo mais uma vez, estabelecendo com ele uma nova aliança. Em outras palavras, Deus é entendido como o Salvador que vai restaurar Israel. No livro do Profeta Isaías, encontramos a seguinte análise:

> Desperta, desperta! Mune-te de força, ó braço de Iahweh! Desperta como nos dias antigos, nas gerações de outrora. Por acaso não és tu aquele que despedaçou Raab, que trespassou o Dragão? Não és tu aquele que secou o mar, as águas do Grande Abismo? E fez do fundo do mar um caminho, a fim de que os resgatados passassem? Assim voltarão os que foram libertados por Iahweh. Chegarão a Sião gritando de alegria, trazendo consigo alegria eterna; gozo e alegria os acompanharão, dor e gemidos cessarão. (Is 51,9-11)

Assim, a fé no Deus Libertador traz o pleno reconhecimento do Deus Criador, tendo em vista que somente Ele tem a condição plena de garantir a definitiva libertação, não apenas de Israel, mas de todo o mundo. Nesse sentido, tanto a criação de toda a realidade quanto os prodígios de Deus em favor de seu povo são vistos como consequência do seu amor misericordioso. O amor de Deus se manifesta, portanto, de dois modos: na criação do mundo e na ação salvífica deste (Ladaria, 2016).

Tal afirmação é constatada em diversas passagens do Antigo Testamento, nas quais os autores bíblicos expressam uma admiração profunda pela grandeza da obra do Criador e, ao mesmo tempo, o princípio pelo qual, por meio dessa obra, os homens se relacionam com Ele. Um típico exemplo é o Salmo 8, no qual é evocada a beleza da Criação e o *locus proprio* do ser humano:

> Quando vejo o céu, obra dos teus dedos, a lua e as estrelas que fixaste, que é o homem, para dele te lembrares, e um filho de Adão, para vires visitá-lo?
>
> E o fizeste pouco menos do que um deus, coroando-o de glória e beleza. Para que domine as obras de tuas mãos sob seus pés tudo colocaste [...]. (Sl 8,4-7)

Como esclarece García Rubio (2006), é por causa de sua dimensão relacional e de sua possibilidade de ser responsável que o ser humano é chamado a cooperar na Criação (Schillebeeckx, 1994). Nessa perspectiva, assumindo sua condição de criatura, o ser humano percebe que é convidado a estabelecer com Deus um relacionamento diferente de todos os demais seres vivos. De acordo com a Constituição Pastoral *Gaudium et Spes,*

> A razão mais sublime da dignidade humana consiste na sua vocação à união com Deus. É desde o começo da sua existência que o homem é convidado a dialogar com Deus: pois, se existe, é só porque, criado por Deus por amor, é por Ele por amor constantemente conservado; nem pode viver plenamente segundo a verdade, se não reconhecer livremente esse amor e se entregar ao seu Criador. (GS, n. 19)

Assim, é possível afirmar que a relação entre a Criação e a Salvação deve ser entendida pela ótica da Aliança. Como explica Ladaria (2016), a Criação é uma verdade secundária, mas isso não significa que se possa prescindir dela. Afinal, apenas tendo como pressuposto que Deus criou tudo é que se pode entender a Salvação. Em síntese, Criação e Salvação são ações de Deus correlacionadas desde o princípio.

Importante!

Sobre o conceito de *Salvação*, salientamos que o concebemos com base em uma perspectiva positiva:

> Salvar é levar alguém até a própria meta, é permitir que ele se realize, que atinja seu objetivo. Como vemos, trata-se de uma aspiração unânime dos homens. Tendemos todos para isso, e como se fosse o próprio sentido de nossa vida. Todo ser humano, assim como toda a comunidade humana, procura se realizar, e sonha com isso como sendo um bem que se liga ao que há de mais forte em seu ser e em suas aspirações. [...] A ideia de salvação, portanto, conota [...] antes de pecado e de falta, realização. (Gesché, 2004, p. 24)

Deus estabeleceu diversas alianças com seu povo ao longo da história. A Criação foi a primeira, sendo seguida pelas alianças com Noé (Gn 9), Abraão (Gn 12,1-3), Moisés (Ex 19,3-6), Josué (Js 24,25-27), Davi (2Sm 23,5) e os Profetas (Is 61,10). Por meio dessas alianças, o mundo é recriado, constituindo o processo próprio da Economia da Salvação, tendo em vista que ela e a história da humanidade coexistem. Afinal, a dinâmica da Salvação está relacionada, de forma inerente, à história do ser humano (Teixeira, 2004).

Como afirma Ribeiro (1995, p. 41), essa é a experiência "viva do humano [...] Deus não só criou, mas o acompanha pessoalmente [...]. E tudo isto é resultado de um processo amoroso e livre de Deus que quer comunicar a vida ao ser humano e estabelecer com ele uma relação de amizade".

Tal dimensão também é percebida nos Salmos, que, segundo Kern (1972, p. 49), fundem em si as "três dimensões da criação: a atividade histórico-salvífica [de Deus em favor de seu povo], o júbilo pela primeira criação e a espera escatológica do juiz universal". Esta última dimensão vem ao encontro da Nova Aliança, anunciada pelos profetas, que é fonte de esperança para todo o povo de Israel.

2.2 A Criação no Novo Testamento: Cristo como mediador

No Novo Testamento, a relação entre a Criação e a Salvação continua sendo entendida desde o contexto da Aliança, porém, não por uma perspectiva **teocêntrica**, mas **cristológica**. A História da Salvação tem seu ápice em Cristo, que é visto como mediador de toda a Criação. Como declara La Peña (1989), Cristo é o fator central de todo o processo salvífico iniciado na Criação.

Nos Evangelhos Sinóticos, encontramos um novo olhar para a realidade da Criação por meio da vida e pregação de Jesus, que procura recuperar seu sentido. Nas narrações das parábolas, por exemplo, há elementos – como os fenômenos naturais e a atuação humana na natureza – que levavam o interlocutor a refletir sobre a ação salvífica mediante os elementos criados. Nesse sentido, podemos destacar as parábolas do semeador (Mt 13,1-9) e do joio e do trigo (Mt 13,24-30), que expressam um conteúdo soteriológico (Schillebeeckx, 2008).

> Cristo é o fator central de todo o processo salvífico iniciado na Criação.

A atuação de Cristo por meio de seus feitos milagrosos indica também seu desejo de estabelecer a perfeita ordem da Criação. Sem negar a existência do mal, Ele salienta a dimensão libertadora da fé ainda na Criação (La Peña, 1989). Já no evento pascal, em que há a exaltação de Jesus como o Messias salvador, encontramos os elementos fundamentais para sustentar a dimensão da Nova Aliança.

Assim, a encarnação, a paixão, a morte e a ressurreição de Cristo possibilitam a compreensão da Economia da Salvação por seu princípio redentor. Trata-se de uma nova e eterna aliança, pela qual somos redimidos do pecado e na qual a "primeira criação encontra seu sentido e seu ponto culminante" (CIC, n. 349).

> Ele é a imagem do Deus invisível, o Primogênito de toda criatura, porque nele foram criadas todas as coisas, nos céus e na terra, as visíveis e as invisíveis. Tronos, Soberanias, Principados, Autoridades, tudo foi criado por ele e para ele. É antes de tudo e tudo nele subsiste. É a Cabeça da Igreja, que é o seu Corpo. É o Princípio, o primogênito dos mortos, tendo em tudo a primazia, pois nele aprouve a Deus fazer habitar toda a Plenitude e reconciliar por ele e para ele todos os seres, os da terra e os dos céus, realizando a paz pelo sangue da sua cruz. (Cl 1,15-20)

A inserção da **dimensão cristológica** possibilitou a Paulo estruturar a doutrina sobre a **Nova Criação**. Na primeira Carta aos Coríntios, ele apresenta Cristo como o grande mediador, como aquele que originou o mundo e seu destino: "para nós, contudo, existe um só Deus, o Pai, de quem tudo procede e para o qual caminhamos, e um só Senhor, Jesus Cristo, por quem tudo existe e para quem caminhamos" (1Cor 8,6).

Para estabelecer o papel de Jesus na Criação, Paulo articula uma relação tipológica com Adão. Em duas de suas cartas, destinadas às comunidades de Roma e de Corinto, o apóstolo afirma que Cristo é o novo Adão. Por meio do pecado original, cometido por Adão, o sofrimento e a morte entraram no mundo; por outro lado, por meio de Cristo, tudo foi regenerado, sendo a Salvação estendida a todos.

Por conseguinte, assim como pela falta de um só resultou a condenação de todos os homens, do mesmo modo, da obra de justiça de um só, resultou para todos os homens a justificação que traz a vida. (Rm 5,18)

Com efeito, visto que a morte veio por um homem, também por um homem vem a ressurreição dos mortos. Pois, assim como todos morrem em Adão, em Cristo todos receberão a vida. (1Cor 15,21-22)

Em síntese, da mesma forma que o pecado original se estendeu a toda a humanidade, o sacrifício de Cristo possibilitou a redenção de todos. Como afirma Ladaria (2016, p. 39),

> O esquema de salvação é estendido à criação, e isso significa que, a partir da salvação que ocorreu em Cristo, nele se vê o princípio à luz do qual cumpre interpretar toda a realidade. [...] A criação não é, então, um mero pressuposto neutro para que depois se desenvolva a história de Deus com os homens, mas é já o início dessa história, que culminará em Jesus.

Ladaria (2016) confirma a concepção do apóstolo Paulo de que Jesus é o grande mediador entre Deus e os seres humanos, pois sua ação salvífica possibilita a reconciliação entre Criador e criatura: "Pois era Deus que em Cristo reconciliava o mundo consigo, não imputando aos homens suas faltas" (2Cor 5,19).

Essa característica de mediação recebe, na Epístola aos Efésios (Ef 1,3-14), uma compreensão escatológica e de predestinação, pois a regeneração do mundo resgata o ser humano para aquilo que ele foi escolhido antes de toda a Criação. Nessa perspectiva, podemos afirmar que a Criação se desenvolve em dois momentos específicos: como eleição prévia, antes da criação do mundo, e como revelação do mistério da plenitude dos tempos (Lima, 2003).

Deus, em Cristo, plenifica sua revelação e comunica, de forma decisiva, a salvação da humanidade, escolhendo-a antes mesmo de criar o mundo. Como declara São Paulo, "Nele nos escolheu antes da fundação do mundo, para sermos santos e irrepreensíveis diante dele no amor. Ele nos predestinou para sermos seus filhos adotivos por Jesus Cristo" (Ef 1,4-5). Nessa perspectiva, somente por meio do mistério de Cristo é possível reconhecer o mistério humano, pois "Adão, o primeiro homem, era efetivamente figura do futuro, isto é, de Cristo Senhor. Cristo, novo Adão, na própria revelação do mistério do Pai e do seu amor, revela o homem a si mesmo e descobre-lhe a sua vocação sublime" (GS, n. 22).

Assim, como mediador, Cristo abre o caminho da Salvação e da possibilidade de regeneração, a fim de fornecer ao homem a vivência de uma vida nova.

2.3 A relação entre a Criação e a Salvação

Deus, em sua infinita bondade e amor, manifestou-se aos seres humanos no ato da Criação, por meio dos primeiros pais, convidando-os a uma comunhão íntima com Ele. Mesmo após a queda causada pelo pecado, o Criador não abandonou o gênero humano, dando-lhe a esperança da Salvação. Conforme salientamos anteriormente, a Salvação foi estabelecida por meio de várias alianças formadas com o homem, que tinham como pressuposto a promessa da redenção (CIC, n. 55).

Importante!

Deus, criando e conservando todas as coisas pelo Verbo (cfr. Jo. 1,3), oferece aos homens um testemunho perene de Si mesmo na Criação (cfr. Rom. 1, 1-20) e, além disso, decidindo abrir o caminho da salvação sobrenatural, manifestou-se a Si mesmo, desde o princípio, aos nossos primeiros pais. Depois da sua queda, com a promessa de redenção, deu-lhes a esperança da salvação (cfr. Gén. 3,15), e cuidou continuamente do gênero humano, para dar a vida eterna a todos aqueles que, perseverando na prática das boas obras, procuram a salvação.

Fonte: DV, n. 3.

Essa promessa encontra sua plenitude em Cristo: "Muitas vezes e de modos diversos falou Deus, outrora, aos Pais pelos profetas; agora, nestes dias que são últimos, falou-nos por meio do Filho, a quem constituiu herdeiro de todas as coisas, e pelo qual fez os séculos" (Hb 1,1-2). Por meio da manifestação de sua pessoa, ocorrida pelos ensinamentos, pelos sinais, pelos milagres e, principalmente, pela Paixão, Morte e Ressurreição de Cristo, o Criador consuma sua obra de Salvação. De acordo com Rahner (1972), a encarnação representa o ápice desse processo, tendo em vista que ela contempla a autotranscendência absoluta do ser humano, na qual se encontra sua plenificação.

Na Revelação histórica de Cristo, constatamos, de modo definitivo, o que e quem é o ser humano. Assim, a encarnação é entendida como o eixo por meio do qual podemos entender a essência do ser humano e sua abertura ao mistério divino (Rahner, 1972).

Nessa mesma perspectiva, podemos afirmar que a colaboração da Revelação de Cristo se encontra na possibilidade da Nova Criação, da transformação da realidade humana existente.

Na pessoa de Jesus Cristo viu-se o verdadeiro ser humano, encarnado e tornado possibilidade para todos os outros homens. Por isso, Jesus foi apresentado como Messias, como Homem-Deus, como reconciliador, como sofredor substituto, como o perfeito e bem-aventurado a partir da força de sua consciência divina, como aquele que vive inteiramente o Tu divino do Pai e assim se contrapõe, autônomo, ao mundo. (Pannenberg, 1973, p. 732)

A História da Salvação deve ser entendida como um movimento de transição entre o primeiro Adão e o novo Adão, Cristo, que revela que a natureza do homem não é determinada, mas aberta à plenificação em Deus. "Com o aparecimento de Cristo, todo o ser humano precedente foi substituído por uma forma radicalmente nova [...]: na ressurreição de Jesus contrapôs-se ao primeiro Adão um novo, um segundo Adão, não mais um ser vivente, mas espírito vivificante" (Pannenberg, 1973, p. 734). Dessa forma, o Criador se torna um em todos, expressando sua glória e a plenitude humana (AG, n. 2).

Essa visão da Criação como algo que se encontra em eterna caminhada e que pressupõe a cooperação humana merece uma análise mais aprofundada.

Em ambas as narrações da Criação, Deus confia ao homem o dom da fecundidade e guarda-o das demais criaturas, ou seja, Ele doa ao homem a responsabilidade de, em um processo contínuo, ser cocriador. Nesse sentido, mesmo sem deixar de ser inferior a Deus, a criatura humana é superior à natureza, a qual deve governar, sem abuso, em Deus (Faus, 1987).

> ## Importante!
>
> Uma coisa é certa para os crentes: a atividade humana individual e coletiva, aquele imenso esforço com que os homens, no decurso dos séculos, tentaram melhorar as condições de vida, corresponde à vontade de Deus. Pois o homem, criado à imagem de Deus, recebeu o mandamento de dominar a terra com tudo o que ela contém e governar o mundo na justiça e na santidade e, reconhecendo Deus como Criador universal, orientar-se a si e ao universo para Ele; de maneira que, estando todas as coisas sujeitas ao homem, seja glorificado em toda a Terra o nome de Deus.
>
> [...]
>
> Longe de pensar que as obras do engenho e poder humano se opõem ao poder de Deus, ou de considerar a criatura racional como rival do Criador, os cristãos devem, pelo contrário, estar convencidos de que as vitórias do gênero humano manifestam a grandeza de Deus e são fruto do seu desígnio inefável.
>
> Font: GS, n. 34.

É dada à liberdade humana a possibilidade de autorrealização, tendo em vista que a pessoa, por meio da transformação da realidade que a cerca (da natureza), abre sua existência a novas possibilidades de ser e estar no mundo (LE, n. 4). Contudo, é importante salientar que a Criação tem uma bondade e perfeição próprias que precisam ser respeitadas pelo ser humano no exercício de sua liberdade. Em outras palavras, essa liberdade só pode ser vivida por meio da identificação da ordem natural imputada ao mundo por Deus, a qual deve pautar as ações humanas. O ordenamento natural que está presente no coração humano propicia à pessoa o controle de seus atos e a capacidade de decisão diante da verdade e do bem (CIC, n. 1954).

A liberdade humana não pode ser entendida como ausência de parâmetros de ação ou limites: "apesar de todo o escândalo do mal, devemos afirmar que é precisamente na capacidade de suscitar a livre cooperação da criatura que o poder criador de Deus se mostra em sua manifestação mais plena" (Ladaria, 2016, p. 44). Desse modo, a liberdade na Criação está relacionada com a finalidade última desta, ou seja, a **comunicação da bondade infinita**.

Assim, a Criação, que faz parte do plano divino, está destinada ao ser humano, com quem Deus quer ter uma relação pessoal e a quem chama à responsabilidade da cocriação. Assim, a "relação com a salvação, na medida em que ela tem a ver com a plenitude do homem, mostra-nos a relação íntima da doutrina da criação com a antropologia teológica" (Ladaria, 2016, p. 40).

O Catecismo da Igreja Católica (CIC) reafirma essa concepção ao destacar que a Criação é dirigida ao ser humano como um dom:

> Já que Deus cria com sabedoria, a criação é ordenada: "Tu dispuseste tudo com medida, número e peso" (Sb 11, 20). Feita no e pelo Verbo eterno, "imagem do Deus invisível" (Cl 1, 15), a criação está destinada, dirigida ao homem, imagem de Deus, chamado a uma relação pessoal com Ele. Nossa inteligência, que participa da luz do Intelecto divino, pode entender o que Deus nos diz por sua criação, sem dúvida não sem grande esforço e num espírito de humildade e de respeito diante do Criador e de sua obra. Originada da bondade divina, a criação participa desta bondade [...]. Pois a criação é querida por Deus como um dom dirigido ao homem, como uma herança que lhe é destinada e confiada. (CIC, n. 299)

Conforme podemos constatar, a inserção da reflexão sobre a Criação no contexto da antropologia teológica possibilita a compreensão não apenas de quem é o ser humano e de como é estabelecida sua relação com Deus, mas também de seu papel no processo criador.

Síntese

Neste capítulo, demonstramos que o relacionamento do homem com Deus perpassa, necessariamente, a dimensão da Criação. Afinal, mesmo sendo apenas uma de suas criaturas, o ser humano é o único a estabelecer um vínculo dialogal e pessoal com o Criador, que lhe concede uma vocação e uma responsabilidade. Assim, a origem humana, mais do que apenas uma questão existencial, assume em si uma dimensão de fé.

Nessa perspectiva, indicamos que a Criação deve ser entendida sob a ótica da Aliança, tendo em vista que Deus cria o ser humano para com ele estabelecer uma relação íntima. Tal concepção se desenvolve por meio da lógica da Economia da Salvação, que tem em Jesus o grande mediador da humanidade – é Ele que possibilita ao homem o caminho da Salvação.

Por fim, mostramos que essa concepção tem como finalidade a plenificação da pessoa em Deus, por meio da vivência da liberdade segundo o ordenamento natural da realidade imputado na Criação. Assim, assumindo sua vocação de cocriador, o homem compreende que, por meio da realidade que o cerca, pode encontrar a comunicação da bondade infinita de Deus.

Indicação cultural

> FRANCISCO, Papa. **Laudato Si' (Louvado Seja)**: sobre o cuidado da casa comum. Roma, 24 de maio de 2015. Disponível em: <http://w2.vatican.va/content/francesco/pt/encyclicals/documents/papa-francesco_20150524_enciclica-laudato-si.html>. Acesso em: 29 maio 2018.

Nessa carta encíclica, o Papa Francisco, levando em consideração o valor das criaturas e a responsabilidade humana em relação a seu próprio bem-estar, faz uma profunda reflexão sobre o modelo antropológico que vivemos, tendo em vista a forma como fazemos uso dos bens naturais.

Atividades de autoavaliação

1. No livro do Gênesis, há duas narrações sobre a Criação. Com base no que foi exposto neste capítulo sobre o tema, marque V para as afirmativas verdadeiras e F para as falsas.

   ( ) Ambos os relatos estão cronologicamente posicionados nas Sagradas Escrituras. O primeiro está situado na época do Rei Salomão e o segundo na época do exílio judeu na Babilônia.

   ( ) A preocupação do primeiro relato era com a possível miscigenação cultural dos judeus durante seu exílio na Babilônia.

   ( ) O segundo relato relaciona-se com o cenário histórico de uma sociedade monárquica e agrícola, sendo o ser humano chamado a colaborar com Deus no processo de produzir e alimentar a vida.

   ( ) Os dois relatos compõem uma visão do ser humano como aquele que detém uma posição de dignidade diferenciada em face de outras criaturas, o que demonstra uma relação próxima entre ele e seu Criador.

   Agora, assinale a alternativa com a sequência correta:
   a) F, F, V, V.
   b) V, F, F, V.
   c) V, V, V, V.
   d) F, V, V, V.

2. A relação entre a Criação e a Salvação deve ser entendida sob a ótica da Aliança. Assinale a alternativa que explica essa afirmação:
    a) Desde o princípio, Deus estabeleceu uma aliança com Adão, que nunca foi renovada.
    b) A relação entre Deus e o ser humano deve ser entendida no contexto da Economia da Salvação, mediante várias alianças que foram estabelecidas ao longo da história e que culminaram na Nova Aliança em Jesus Cristo.
    c) A Criação é entendida apenas como o começo do relacionamento entre Deus e o ser humano.
    d) A História da Salvação não está relacionada com a Aliança, mas com a infidelidade do povo a Deus.

3. A respeito da Economia da Salvação, marque V para as afirmativas verdadeiras e F para as falsas.
    ( ) *Economia da Salvação* e *História da Salvação* são expressões sinônimas, pois ambas tratam de fatos históricos.
    ( ) O conceito de *aliança* é importante para se compreender a Economia da Salvação, pois ele expressa o desejo de Deus em ter um relacionamento próximo com sua criatura.
    ( ) *Economia da Salvação* e *História da Salvação* não designam o mesmo conceito, pois a primeira não é apenas uma narração dos fatos que aconteceram, visto que contempla a dimensão da Revelação.
    ( ) A Economia da Salvação está relacionada com o projeto salvífico de Deus para o homem.

    Agora, assinale a alternativa com a sequência correta:
    a) F, V, V, V.
    b) F, V, V, F.
    c) V, V, V, F.
    d) F, V, F, F.

4. São Paulo afirma, em suas epístolas, que Jesus é o novo Adão, por meio do qual a Salvação é oferecida aos seres humanos. Com base nessa afirmação, assinale a alternativa correta:
   a) A Criação corrompida por Adão não encontra novo sentido em Cristo.
   b) Cristo é o novo Adão. Assim como, por meio de um só homem, o pecado e a corrupção entraram no mundo, é possível que, por meio de outro, a regeneração seja doada a todos.
   c) Não há motivo para afirmar que Cristo é o novo Adão, pois o pecado de Adão não nos influencia – ele não é a causa do sofrimento humano.
   d) Adão e Cristo são apenas figuras utilizadas por São Paulo para falar da Criação.

5. O ser humano é chamado por Deus à responsabilidade de cooperar na obra da Criação, tornando-se, portanto, cocriador. Assinale a alternativa que justifica essa afirmação:
   a) O ser humano deve dominar a natureza e, pelo conhecimento do bem e do mal, retirar dela toda a sua potencialidade.
   b) A obra da Criação foi realizada em estado de caminhada, o que leva o homem a ser convidado a governar a Criação.
   c) Como cocriador, o ser humano atinge a plenitude da Salvação sem o auxílio de Cristo.
   d) O ser humano é uma criatura como as demais, visto que elas também são cocriadoras.

Atividades de aprendizagem

Questões para reflexão

1. Leia o texto a seguir sobre Cristo como mediador da Salvação e, com base no que discutimos neste capítulo, destaque o significado da afirmação de que Jesus é o novo Adão.

> Razão e meta da criação, Cristo coloca em verdadeira luz a dimensão de revelação da mesma criação. A criação está voltada para Cristo. Ele próprio é a plenitude da criação, a palavra final da palavra criadora, o mais alto desfecho e plenitude da obra criada, sobretudo do homem, que, em Cristo, encontra sua nova e verdadeira imagem. Jesus é, assim, o verdadeiro homem, o segundo e autêntico Adão. [A] Cristo e [a] ninguém mais [...] se aplica o "ecce homo" (cf. 1Cor 15,21ss; 45-49). A imagem deste homem é a daquele que se funda totalmente em Deus, é o ouvinte da Palavra, é o obediente que cumpre a sua vontade, é o que ama a Deus sobre todas as coisas se, por isso, se acha ligado aos outros homens em abnegado devotamento e serviço fraterno. Nessa imagem do homem está o fundamento da antropologia. Quanto mais alguém vive em Deus, tanto mais se realiza a si próprio.
>
> Fonte: Fries, 1972, p. 229.

2. Leia o trecho a seguir, extraído da Constituição Dogmática *Dei Verbum*, e depois responda à seguinte questão: Como podemos correlacionar a Criação e a Salvação?

> Depois da sua queda, com a promessa de redenção, deu-lhes a esperança da salvação (cfr. Gén. 3,15), e cuidou continuamente do gênero humano, para dar a vida eterna a todos aqueles que, perseverando na prática das boas obras, procuram a salvação (cfr. Rom. 2, 6-7).

Fonte: DV, n. 3.

Atividade aplicada: prática

1. Durante a Economia da Salvação, Deus estabeleceu diversas alianças com o homem, sendo a última a nova e eterna aliança em Jesus. Consulte a Bíblia e descreva quais foram as principais características que envolveram as alianças listadas a seguir. Em seguida, explique de que maneira elas diferem da Nova Aliança, estabelecida por meio de Jesus Cristo.

Aliança com Noé (Gn 9)	
Aliança com Abraão (Gn 12)	
Aliança com Moisés (Ex 19)	
Aliança com Davi (2Sm 23)	
Aliança com os Profetas (Is 61)	

3
O ser humano à luz da fé católica[1]

---

[1] Todas as passagens bíblicas indicadas neste capítulo são citações de Bíblia (2017).

No capítulo anterior, discutimos as implicações que a teologia da Criação, sob a ótica da Economia da Salvação, tem para a vida humana. Ao ser chamado à comunhão íntima com o Criador, o homem também se torna responsável pela Criação – o que auxilia em seu processo de plenificação.

Essa concepção teológica está permeada pela doutrina da *Imago Dei* – criação à imagem e semelhança de Deus –, considerada por vários autores, como Mondin (1979) e Zilles (2011), o tema fundamental da antropologia teológica, visto que harmoniza em si todos os aspectos essenciais para o desenvolvimento de uma doutrina sobre o ser humano.

Neste capítulo, elucidaremos como a doutrina da *Imago Dei* é desenvolvida nas Sagradas Escrituras, na Tradição e no Magistério da Igreja, objetivando apresentar seus desdobramentos na dinâmica existencial. Na sequência, partindo da noção de multidimensionalidade do ser, analisaremos a constituição do ser humano mediante sua relação com Deus.

3.1 *A Imago Dei* nas Sagradas Escrituras

O fundamento bíblico central para a doutrina da *Imago Dei* está na primeira narração da Criação (Gn 1,26-27). De acordo com essa passagem, Deus criou o ser humano à sua **imagem** e **semelhança**. As expressões hebraicas utilizadas para indicar estas duas palavras são *selem* (imagem) e *demut* (semelhança).

A primeira expressão, *selem*, designa a ideia de representação plástica, concreta, de determinada realidade. A segunda, *demut*, tem como sentido literal a aparência exterior, concreta, relacionada ao corpo humano. Também faz referência às capacidades intelectivas e morais do ser humano. Tal compreensão é expressa pela passagem: "Se o homem já é como um de nós, versado no bem e no mal, que agora ele não estenda a mão e colha também da árvore da vida, e coma e viva para sempre!" (Gn 3,22). Nessa perspectiva, podemos perceber que essas duas expressões podem ser entendidas como sinônimas ou, ainda, como complementares, tendo em vista que uma reforça o sentido da outra (Ribeiro, 1995).

A exegese bíblica fornece algumas possibilidades de interpretação da doutrina *Imago Dei*. Estas, longe de serem contraditórias, apresentam um cenário no qual o ser humano é compreendido em sua totalidade.

A primeira possibilidade interpretativa foi elaborada por Von Rad (1990) e Wolff (2007), que associam a *Imago Dei* ao *locus proprio* do ser humano na Criação, considerando-o como o ápice e a conclusão desta. Tal condição atribui ao ser humano a função de representar o Criador, submetendo a si todas as demais criaturas (Von Rad, 1990). Essa visão é encontrada em outras passagens do Antigo Testamento. No relato da Aliança com Noé (Gn 9,6-7), no Hino de Louvor à Criação (Sl 8,7) e na passagem sobre a criação humana no Eclesiástico (Eclo 17,3), associa-se a *Imago Dei* com a dominação da Terra.

Importante!

Como elucidado no capítulo anterior, o primeiro relato da Criação é historicamente posterior ao segundo. No segundo relato, não há expressamente a indicação de que o ser humano foi criado à imagem e semelhança de Deus. No entanto, nos versículos que sucedem o relato (Gn 2,15-20), o primeiro homem é identificado como aquele que, superior aos demais animais, tem uma função cocriadora. Isso confirma que essa passagem prenuncia a *Imago Dei*, presente na primeira narração.

Outra possibilidade interpretativa, que não refuta a apresentada, considera mais importante o aspecto relacional entre Criador e criatura. Segundo Westermann (2013), o centro da análise dessa passagem está na ação de Deus para com o homem, e não na condição humana proveniente dela. O autor destaca que a criação do homem parte do desejo de Deus de relacionar-se com sua criatura (Westermann, 2013). Assim, a condição de imagem e semelhança não estaria relacionada somente à questão do domínio das criaturas, mas também à intersubjetividade, considerando-se a relação próxima entre Deus e o homem que permeia todos os aspectos e dimensões da vida (Schmidt, 2013).

Essa possibilidade interpretativa, que evidencia a relação de Deus com o ser humano, pode ser encontrada em passagens como as que narram a geração de Set, filho de Adão (Gn 5,1-3), e no Hino de Louvor à Criação (Sl 8,5). No entanto, é no livro da Sabedoria, em que se apresenta que o ser humano foi criado para a imortalidade (Sb 2,23), que essa relação intersubjetiva fica mais explícita, pois a participação na vida divina é entendida como uma condição para a vida humana (Ladaria, 2016).

É importante salientar que a *Imago Dei* não foi destruída pelo pecado dos primeiros pais da humanidade (Adão e Eva). Isso porque tanto o domínio sobre a natureza quanto a relação com Deus, embora tenham sido enfraquecidos, não foram abolidos em sua totalidade (Wolff, 2007).

Pense a respeito

Como o homem deve dominar o mundo?

De acordo com Köhler (1953, citado por Wolff, 2007, p. 252, grifo do original), a dominação do mundo é

> o **encargo da cultura**. Ele [Deus] se dirige a todos os seres humanos; abarca todos os tempos; não há ação humana que não lhe esteja subordinada. Aquele primeiro ser humano que, exposto com os seus ao vento gelado na estepe, pôs algumas pedras umas em cima das outras, inventando assim o muro, a base de toda a arquitetura, cumpriu essa tarefa. Aquela primeira mulher que abriu um furo em um espinho duro ou uma espinha de peixe, passando por ele um pedaço de um tendão de animal para poder unir alguns fragmentos de couro, inventando assim a agulha, a costura, o início

de toda a confecção de roupas, executou essa incumbência. Até hoje, toda instrução de uma criança, em qualquer espécie de escola, toda escrita, todo livro, toda técnica, pesquisa, ciência e ensino com seus respectivos métodos, instrumentos e instituições não são outra coisa senão o cumprimento desse encargo. Toda a história, toda aspiração humana está sob esse signo, sob essa palavra da Bíblia.

Contudo, como mencionamos no capítulo anterior, não podemos esquecer que toda essa conjuntura da ação humana precisa estar em conformidade com o ordenamento natural imputado pelo Criador. A Carta Encíclica *Laudato Si'* elucida esse aspecto:

> Esta responsabilidade perante uma terra que é de Deus implica que o ser humano, dotado de inteligência, respeite as leis da natureza e os delicados equilíbrios entre os seres deste mundo, porque "Ele deu uma ordem e tudo foi criado; Ele fixou tudo pelos séculos sem fim e estabeleceu leis a que não se pode fugir!" (*Sl* 148,5b 6). Consequentemente, a legislação bíblica detém-se a propor ao ser humano várias normas relativas não só às outras pessoas, mas também aos restantes seres vivos: "Se vires o jumento do teu irmão ou o seu boi caídos no caminho, não te desvies deles, mas ajuda-os a levantarem-se. (...) Se encontrares no caminho, em cima de uma árvore ou no chão, um ninho de pássaros com filhotes, ou ovos cobertos pela mãe, não apanharás a mãe com a ninhada" (*Dt* 22,4.6). Nesta linha, o descanso do sétimo dia não é proposto só para o ser humano, mas "para que descansem o teu boi e o teu jumento" (*Ex* 23,12). Assim nos damos conta de que a Bíblia não dá lugar a um antropocentrismo despótico, que se desinteressa das outras criaturas.
>
> Ao mesmo tempo que podemos fazer um uso responsável das coisas, somos chamados a reconhecer que os outros seres vivos têm um valor próprio diante de Deus e, "pelo simples fato de existirem, eles O bendizem e Lhe dão glória", porque "o Senhor Se alegra em suas obras" (*Sl* 104/103,31). Precisamente pela sua dignidade única e por ser dotado de inteligência, o ser humano é chamado

a respeitar a criação com as suas leis internas, já que "o Senhor fundou a terra com sabedoria" (Pr 3,19). Hoje, a Igreja não diz, de forma simplicista, que as outras criaturas estão totalmente subordinadas ao bem do ser humano, como se não tivessem um valor em si mesmas e fosse possível dispor delas à nossa vontade; mas ensina – como fizeram os bispos da Alemanha – que, nas outras criaturas, "se poderia falar da prioridade do **ser** sobre o **ser úteis**". O *Catecismo* põe em questão, de forma muito direta e insistente, um antropocentrismo desordenado: "Cada criatura possui a sua bondade e perfeição próprias. (...) As diferentes criaturas, queridas pelo seu próprio ser, refletem, cada qual a seu modo, uma centelha da sabedoria e da bondade infinitas de Deus. É por isso que o homem deve respeitar a bondade própria de cada criatura, para evitar o uso desordenado das coisas". (LS, n. 68-69, grifo do original)

No Novo Testamento, a *Imago Dei* foi reinterpretada à luz do próprio Cristo, que é "a Imagem de Deus invisível, o Primogênito de toda criatura" (Cl 1,15). Em outras palavras, a concepção veterotestamentária de ser humano passou a ser reinterpretada pela perspectiva cristológica, fundamentada na teologia da Revelação.

Quem aborda essa temática em suas epístolas é São Paulo. Para o apóstolo, os seres humanos têm a figura de Adão, embora seja possível restaurá-la por meio do Cristo ressuscitado: "O primeiro **homem, Adão, foi feito alma vivente**; o último Adão tornou-se espírito que dá a vida" (1Cor 15,45, grifo do original). Na Carta aos Colossenses, o apóstolo faz uma analogia entre o homem velho (relacionado a Adão) e o homem novo (restaurado em Cristo), a fim de esclarecer que quem aceita a mensagem do Evangelho recebe a redenção do pecado original, tornando-se a imagem e semelhança do Criador (Cl 3,10).

Nesse sentido, o Novo Testamento revela que é na ressurreição que se abre o plano definitivo de Deus para a humanidade: passar do homem velho para o novo, da antiga para a nova e eterna aliança, "passar da condição de Adão à de Cristo" (Ladaria, 2016, p. 52).

Essas duas visões, do Antigo e do Novo Testamento – que apresentam a *Imago Dei* sob a ótica da dominação, da relação intersubjetiva do ser humano com Deus e da pessoa renovada por Cristo –, embasaram as reflexões desenvolvidas pela Tradição e pelo Magistério da Igreja.

Importante!

Alguns termos utilizados para designar o ser humano nas Sagradas Escrituras são de fundamental importância para o estudo da antropologia teológica. Alguns deles até mesmo apresentam uma definição isolada, uma concepção própria de ser humano.

No Antigo Testamento, o pensamento hebraico, apesar de utilizar diferentes expressões para indicar quem é o ser humano, revela-se globalizante e sintético nesse aspecto. Se analisarmos os conceitos antropológicos mais importantes da língua hebraica, perceberemos que não há distinção entre a dimensão espiritual e a física, nem mesmo no que se refere às funções, às atividades (Wolff, 2007). A seguir, apresentamos alguns desses conceitos.

- ***Nefesh* (o ser humano necessitado)**: Originalmente, essa palavra significa "garganta", "pescoço". No contexto do Antigo Testamento, *nefesh* também serve para indicar o ser humano que sente fome ou necessita de ar. Em outras palavras, *nefesh* é o termo que designa a pessoa que necessita de vida, que busca a vida, que tem vontade de viver (Wolff, 2007).
- ***Basar* (o ser humano efêmero)**: Literalmente, *basar* significa "carne". No contexto bíblico, no entanto, essa palavra indica o ser humano como débil, carente de força e indigno de confiança. Tal imagem é construída em oposição à imagem de Deus, o Criador,

o único que merece toda a confiança. Nesse sentido, *basar* significa que o ser humano é dependente de Deus (Wolff, 2007).

- **Ruah (o ser humano autorizado)**: Esse termo é aplicado para indicar a respiração do homem, fazendo alusão à sua força vital. Essa força é comunicada por Deus, a fim de conferir ao homem capacidade para superar sua condição de *basar*. Assim, *Ruah* descreve também sentimentos e estados de ânimo que provêm de Deus e que fazem com que o ser humano tenha atitudes fundamentadas em uma autoridade que não vem de si mesmo (Wolff, 2007).
- **Leb (o ser humano sensato)**: Trata-se do termo antropológico mais importante do Antigo Testamento. Ele indica não apenas os sentimentos e emoções humanas, mas também os anseios e as aspirações concretas da existência. Também significa a dimensão da consciência e do entendimento humano, que possibilita a reflexão e o discernimento do homem diante da vida (Wolff, 2007).

No Novo Testamento, em especial na teologia paulina, há uma rica estrutura antropológica. Entretanto, é válido salientar que Paulo não foi influenciado apenas pelo pensamento hebraico (que tinha uma visão globalizante e sintética do ser humano); também o influenciou a filosofia helenista (que concebia o ser humano em duas realidades distintas: o corpo e a alma). Nesse sentido, a compreensão dos conceitos antropológicos nos escritos paulinos deve levar em conta sua própria estrutura (Dunn, 2003). A seguir, destacamos alguns desses termos.

- **Soma (corpo)**: Indica a realidade corpórea do ser humano, tanto a material quanto a existencial, que inclui aspectos sociais e relacionais e o vínculo de correspondência com Deus (Dunn, 2003).
- **Sarx (carne)**: Na teologia paulina, *sarx* tem três sentidos: "corpo físico" (no qual se pode incluir o sentido de parentesco), "finitude humana" (condição mortal do ser humano) e "condição de pecado". Sob a ótica da fragilidade e da limitação, podemos entender o pecado como uma fraqueza moral, como uma forma de oposição ao Reino ou uma força negativa, desqualificante e destrutiva (Dunn, 2003).
- **Psyché (alma)**: Esse termo é pouco utilizado na teologia paulina, mas de grande importância no contexto antropológico. Em muitas passagens, encerra o sentido de "vida" ou, ainda, de "vitalidade humana" (Rm 11,3; Fl. 2,30); em outras, denota uma clara diferença em relação à concepção hebraica de *nefesh* (1Cor 5,3). Para Paulo, a alma é uma parte interior, com uma existência contínua, diferente da do corpo. Ela é o "núcleo essencial do homem", que "pode ser separado do seu corpo e não participa da dissolução do corpo" (Dunn, 2003, p. 109).
- **Pneuma (espírito)**: Indica as disposições mais íntimas do ser humano (Fl 4,23; 2Tm 4,22; Fm 25). Contrário ao que é mais visível e vulnerável na pessoa – seu corpo –, o termo se refere àquele que está aberto à ação do Espírito Santo (Dunn, 2003). Essa ação faz com que o ser humano se una a Cristo, formando com Ele um só espírito (1Cor 6,17).

3.2 A Imago Dei nas reflexões da Sagrada Tradição e do Magistério da Igreja

De acordo com Von Rad (1990), na Bíblia, o homem é identificado como um ser *teomorfo*. Conforme indicamos na seção anterior, a profundidade dessa afirmação provém dos termos hebraicos *selem* (imagem) e *demut* (semelhança).

Entretanto, na *Septuaginta*[2], essas duas expressões foram traduzidas para *eikon e homoiosis*, cujo conteúdo semântico é mais complexo e rico. Apesar de a Igreja considerar esses dois substantivos provenientes do mesmo princípio teológico, boa parte da Tradição da Igreja desenvolveu uma variada interpretação sobre o significado e a relação entre imagem (*eikon*) e semelhança (*homoiosis*) (Ribeiro, 1995).

No Período Patrístico, a questão da *Imago Dei* – no caso, esclarecer quem é o ser humano – é considerada uma das principais chaves de leitura do pensamento teológico (Mondin, 1979). Por isso, Clemente de Alexandria (150-215), famoso Padre da Igreja, dedicou-se a analisar essa doutrina.

De acordo com Clemente, existem três espécies de imagens: a do *Logos*, a do cristão e a dos demais seres humanos. Para estabelecer essa distinção, ele analisou os termos *eikon e homoiosis*. O primeiro termo está mais vinculado à questão da natureza; já o segundo remete à imagem sobrenatural, relacionada a Deus.

Nessa perspectiva, Clemente define que o *eikon* é recebido já no nascimento, diferentemente da *homoiosis*, que se desenvolve à medida

---

2 Designação que se refere à primeira tradução grega do Antigo Testamento, que foi realizada por 72 tradutores independentes (Lacoste, 2004).

que o homem vai aperfeiçoando seu relacionamento com Deus. Para esse Padre da Igreja, apenas quem tem fé é que se torna imagem de Deus (*homoiosis*) segundo a semelhança, pela ação do próprio Cristo (Mondin, 1979).

Já Gregório de Nissa, outro Padre da Igreja, concebe a *Imago Dei* como uma verdade revelada, mas sem descartar a possibilidade de fornecer uma justificação racional para essa doutrina. Ele interpreta a expressão *eikon* como a reprodução fiel e integral de um modelo específico, que detém todos os atributos divinos. Por se tratar de uma representação fiel, esse modelo é extremamente semelhante (*homoiosis*) a Ele, excluindo, é claro, sua identidade (Gregório de Nissa, 2011).

Gregório interpreta a Criação fundamentado em uma perspectiva dupla. Em primeiro lugar, Deus criou a *imago* ideal e, posteriormente, a *imago* histórica.

A criação da ***imago* ideal** refere-se ao momento em que o gênero humano foi criado. Assim, o homem tem semelhanças com Deus que perpassam a alma humana e, de forma indireta, sua dimensão corpórea. Trata-se da dimensão referente à relação com Deus efetuada por meio da alma.

A **alma humana** tem três características fundamentais: a **espiritualidade**, que se expressa pelo poder do conhecimento e da comunicação; a **liberdade**, que se apresenta como o domínio humano sobre as coisas criadas; e a **incorruptibilidade**, que representa sua imortalidade. Já a dimensão corpórea apresenta semelhança com Deus apenas indiretamente, tendo em vista que exterioriza a beleza da alma (Gregório de Nissa, 2011).

A ***imago* histórica** – ou real, como Gregório também a denomina – efetivou-se quando Deus criou o homem sexuado, tornando-o semelhante aos demais animais (Gregório de Nissa, 2011). Desse modo, trata-se de uma dimensão que atua na direção do relacionamento do homem com as demais criaturas animadas, efetuado por meio do corpo e da sexualidade. Diferentemente da *imago* ideal, aqui não há semelhança com Deus, visto que a *imago* histórica se refere às características e relacionamentos terrenos.

> O homem encontra-se entre duas realidades extremamente distantes entre si: a natureza divina, incorpórea; e a natureza animal, irracional [...]. Da natureza divina, isenta da distinção dos sexos, o homem recebe o poder da razão e da inteligência; da natureza animal, irracional, ele tira a estrutura do corpo e a distinção entre os sexos. (Gregório de Nissa, 2011, p. 181)

Gregório compreende que a vida humana se desenvolve em meio a uma luta perene entre essas direções opostas. Mediante o exercício de seu livre-arbítrio, o ser humano escolhe entre resplandecer a *Imago Dei* ou ocultá-la e pervertê-la. Todavia, caso o indivíduo opte por assumir sua imagem e semelhança com Deus, ele precisará de meios para tal. Esses meios são dados por Cristo, que, por intermédio de sua existência, demonstrou à humanidade como vivenciar tal dimensão. Assim, é pela imitação de Jesus que se pode alcançar a vivência da *Imago Dei* (Gregório de Nissa, 2011).

Santo Agostinho (354-430), outro representante da patrística, apresenta a doutrina da *Imago Dei* como tema central de suas reflexões sobre o ser humano (Mondin, 1979). A inovação trazida por Agostinho reside em sua concepção de Deus, desenvolvida ao longo de toda a sua doutrina. De acordo com o teólogo, Deus é uno e trino: o **Pai** se manifesta no **Filho**, Jesus, e envia ao mundo seu Paráclito, o **Espírito Santo**. Conforme é possível perceber, Agostinho (1994) fundamenta sua concepção de *Imago Dei* na Santíssima Trindade.

Entretanto, é necessário compreender como o bispo de Hipona[3] entende os conceitos de *imagem* e *semelhança*. Em primeiro lugar, ele

---

3 Santo Agostinho, também conhecido como Agostinho de Hipona.

salienta que ambos os termos indicam correspondência entre duas realidades, embora ressalte que essas expressões não podem ser consideradas sinônimas. Para ele, toda imagem apresenta similitude com aquilo que é seu modelo, ou seja, tem uma relação de causalidade: o modelo é que gera a imagem.

Dessa forma, Agostinho (1997) distingue duas naturezas de imagem: uma que é diversa do modelo (tem uma essência diferente) e outra que ele denomina *consubstancial*. Esta última efetiva-se por meio da geração, ao passo que a primeira é decorrente da criação ou da transformação do ser. Agostinho, portanto, distingue o ser humano de Cristo. Jesus foi gerado e é consubstancial ao Pai, ao passo que o homem é uma imagem imperfeita, apenas semelhante a Deus – em outros termos, apenas participante da natureza divina (Agostinho, 1997).

Ainda assim, Agostinho (1997) salienta que todas as coisas criadas carregam em si, por participação, marcas da perfeição divina. Não obstante, nem todas as criaturas que se assemelham a Deus podem ser chamadas de *imagem*, visto que somente aquelas que apresentam uma semelhança expressa com Ele podem receber essa denominação. Desse modo, embora Agostinho (1997) considere que todos os seres inferiores ao homem apresentam vestígios de semelhança com o Criador, a *Imago Dei* só pode ser atribuída ao ser humano.

Importante!

A semelhança entre Deus e o ser humano não está presente na realidade corpórea, tendo em vista o aspecto corruptível desta, mas na alma entendida pelo seu aspecto racional.

Agostinho distingue duas formas de racionalidade: uma inferior, que se relaciona às coisas concretas da vida e orienta o ser humano em suas decisões, e outra superior, que tem como objeto as verdades eternas correlacionadas com Deus. É essa racionalidade superior que torna o ser humano imagem e semelhança de Deus, visto que não se corrompe diante das realidades mundanas. Ao mesmo tempo, é ela que permite ao indivíduo um relacionamento mais próximo com Deus (Agostinho, 1997).

No que diz respeito à corrupção da *Imago Dei* por meio do pecado original, Agostinho ressalta que este não a destruiu completamente, mas a deformou, pois causou uma cisão no relacionamento do homem com o Criador. No entanto, Deus não quis que a *Imago Dei* permanecesse desfigurada. Assim, a fim de restaurá-la, Ele enviou seu Filho, Jesus, sua imagem consubstancial e perfeita, para demonstrar ao ser humano seu verdadeiro ser. Ao vencer a morte e o pecado, Cristo possibilita ao homem uma vivência a partir da condição de imagem e semelhança (Agostinho, 1997).

Santo Tomás de Aquino (1225-1274), o doutor angélico, também desenvolveu em sua teologia reflexões sistemáticas sobre a *Imago Dei*. Entretanto, para compreender melhor sua análise, é necessário identificar a interpretação que ele atribuiu a dois conceitos: o de **imagem** (*imago*) e o de **modelo** (exemplar).

Para Tomás de Aquino (2001), a imagem implica **semelhança** – característica intermediária entre o aspecto da diversidade e o da identidade em relação a determinada realidade; **imitação** – relação de comparação entre duas dimensões; e **subordinação** – a imagem sempre é posterior e de menor perfeição em relação ao modelo no qual se espelha.

O modelo, por sua vez, pressupõe **imitação** – somente algo que pode ser reproduzido constitui um modelo; **prioridade** – detenção de todos os elementos originais que caracterizam o modelo, tornando-o superior à imagem; e **originalidade** (Tomás de Aquino, 2001).

Com base nessa concepção, Tomás de Aquino afirma que Deus é o sumo modelo de todas as coisas criadas, que O representam de maneiras diferentes e em níveis diversos. A essência de cada coisa é definida de acordo com sua função na obra criadora, que reflete em si variações da imagem divina (Tomás de Aquino, 1967). Assim, o doutor angélico afirma que o ser humano é imagem e semelhança de Deus, visto que não pode ser considerado apenas pela sua natureza.

Tendo em vista o que discutimos até aqui, podemos questionar: Em que medida se justifica a afirmação de que o ser humano é imagem de Deus? Para responder a esse questionamento, ressaltamos que, apesar de entender o ser humano como uma totalidade de corpo e alma[4], Tomás de Aquino salienta a importância da alma, visto que ela contém em si duas propriedades peculiares à natureza divina: o **conhecimento** e a **vontade**. Ainda assim, ele atribui prioridade à faculdade cognitiva, tendo em vista que é nela que a faculdade afetiva tem sua origem (Tomás de Aquino, 2005a).

Essas duas propriedades são fundamentais para se compreender a forma como o doutor angélico aborda a questão da corrupção pelo pecado. Em primeiro lugar, ele destaca que as faculdades do conhecimento e da vontade não são corrompidas, portanto não destroem a imagem e a semelhança (Tomás de Aquino, 2005b).

Tomás de Aquino (2005a) pontua que existem três modos diferentes de compreender a *Imago Dei*: pela **Criação** (*imago creationis*), que equivale à racionalidade humana como representação da sabedoria divina; pela **Trindade** (*imago similitudinis*), que distingue as faculdades da alma (memória, intelecto e vontade); e pela **graça** (*imago recreationis*), que representa os dons gratuitos, ou seja, as verdades sobrenaturais. Para o autor, é essencial saber fazer essa distinção, pois somente a última imagem (*imago recreationis*) foi perdida, tendo em vista que as anteriores são fundamentadas na natureza humana.

---

4 Desse modo, a *Imago Dei* perpassa a dimensão corpórea.

Em síntese, Tomás de Aquino considera que a *Imago Dei* reside na relação própria do ser humano com Deus, em sua atitude de conhecê-Lo, por meio do cumprimento de sua vontade, e de amá-Lo (Tomás de Aquino, 2005a).

Tal constatação sobre a *Imago Dei* influenciou o desenvolvimento doutrinal do Magistério da Igreja sobre essa temática. O Concílio Vaticano II (1962-1965), na Constituição Pastoral *Gaudium et Spes*, insere essa questão como ponto central de sua argumentação. O documento apresenta o ser humano como *Imago Dei* por meio de duas perspectivas: pela capacidade de conhecer e amar seu Criador e pela responsabilidade na cocriação: "Mas, que é o homem? [...] A Sagrada Escritura ensina que o homem foi criado 'à imagem de Deus', capaz de conhecer e amar o seu Criador, e por este constituído senhor de todas as criaturas terrenas, para as dominar e delas se servir, dando glória a Deus " (GS, n. 12).

Preste atenção!

A Igreja fundamenta o princípio da dignidade humana na doutrina *Imago Dei*. Criado à imagem e semelhança de Deus, o ser humano tem um valor inestimável que o coloca acima de toda a criação. Isso é ressaltado pelo Concílio da seguinte maneira: "Não se engana o homem, quando se reconhece por superior às coisas materiais e se considera como algo mais do que simples parcela da natureza ou anônimo elemento da cidade dos homens. Pela sua interioridade, transcende o universo das coisas" (GS, n. 14). Assim, "por ser à imagem de Deus, o indivíduo humano tem a dignidade de pessoa: ele não é apenas alguma coisa, mas alguém" (CIC, n. 357).

Nessa perspectiva, chamamos a atenção para a defesa que a Igreja faz da dignidade das pessoas que ainda não desenvolveram plenamente suas potencialidades (como os embriões humanos, os fetos e os nascituros) ou que têm algum tipo de deficiência (física ou mental).

No primeiro caso, a Igreja argumenta que, a partir da concepção, um novo ser humano já está em processo de formação e, como tal, deve ser reconhecido como pessoa, visto que faz parte do gênero humano criado à imagem de Deus. Assim, ela condena toda e qualquer atitude de manipulação de embriões, aborto e infanticídio (IDV, Int. 5, I).

No que tange às pessoas com deficiência, salientamos que a *Imago Dei* não está relacionada a habilidades físicas ou intelectuais do ser humano ou, ainda, ao desenvolvimento pleno de suas possibilidades, pois todos nós pertencemos a uma única e mesma família criada e querida por Deus (CNBB, 2006).

Detentores de uma mesma natureza e reconhecidos pelo princípio da igualdade (GS, n. 29), os seres humanos são apresentados como seres sociais, que estão em contínua relação com os outros. É por meio dessa natureza que as pessoas desenvolvem seus dons e habilidades (GS, n. 12). Contudo, a *Gaudium et Spes* destaca que, na pessoa do Verbo encarnado de Cristo, o mistério da pessoa se torna claro, pois nele e em seu espírito somos vivificados. Apoiado nessa dimensão, o ser humano encontra sua vocação de colocar-se a serviço da comunidade humana, lutando contra as injustiças (GS, n. 22).

3.3 O ser humano: um ser multidimensional e livre

Quem é o ser humano? Neste capítulo, examinamos várias concepções presentes na Tradição e no Magistério da Igreja que nos ajudam a responder a tal questão. No entanto, buscando uma compreensão mais ampla e básica, podemos afirmar que o ser humano é uma unidade e uma totalidade tanto corporal quanto espiritual, não havendo distinção entre ambas as realidades (CIC, n. 362).

Essa concepção tem seu fundamento no relato bíblico da segunda criação, no qual ambas as dimensões são criadas e doadas por Deus: "Então Iahweh Deus modelou o homem com a argila do solo, e insuflou em suas narinas um hálito de vida e o homem se tornou um ser vivente" (Gn 2,7).

Nessa concepção, a alma (princípio espiritual do ser humano) e o corpo (criado por Deus e animado pela alma espiritual) não têm existência individual. Ambos constituem a pessoa em sua mais profunda integridade, pois não há duas naturezas (espiritual e material) unidas, mas uma única natureza que contempla tais dimensões.

De acordo com a Constituição Pastoral *Gaudium et Spes*,

> O homem, ser uno, composto de corpo e alma, sintetiza em si mesmo, pela sua natureza corporal, os elementos do mundo material, os quais, por meio dele, atingem a sua máxima elevação e louvam livremente o Criador. Não pode, portanto, desprezar a vida corporal; deve, pelo contrário, considerar o seu corpo como bom e digno de respeito, pois foi criado por Deus e há-de ressuscitar no último dia. (GS, n. 14)

Essa compreensão do ser humano como uma totalidade indica que este deve ser compreendido em sua integridade mais profunda de "corpo e alma, coração e consciência, inteligência e vontade" (GS, n. 3.). Isso nos possibilita afirmar que, em sua unidade, o ser humano pode ser entendido como um ser multidimensional.

Como uma unidade pode ser entendida como múltipla? Segundo Mondin (1982), essas dimensões constitutivas da pessoa não evidenciam uma falta de unidade, visto que revelam a complexidade do ser humano por meio de uma metodologia descritiva. Assim, falar em multidimensionalidade não significa uma fragmentação do ser humano, mas a utilização de uma metodologia de análise para compreendê-lo de maneira aprofundada (Mondin, 1982).

Ruthes e Esperandio (2017), ao descreverem algumas das dimensões apontadas por Mondin, afirmam que estas não podem ser entendidas de forma isolada.

Assim, quando se analisa a dimensão corpórea, é possível identificar identificamos que ela não se refere apenas à estrutura física que compõe a materialidade do ser humano, mas também a tudo o que dela se origina, como:

- a consciência de seu existir de forma concreta;
- a consciência de seu ser único e individual;
- o entendimento da condição humana (finitude e limitação).

É interessante observar que essas características também perpassam outras dimensões da vida, como a existencial, a cultural e a religiosa, o que demonstra o caráter unitário do ser humano. Sob essa ótica de análise, podemos afirmar que a capacidade de interação das pessoas com a realidade que as cerca favorece em vários níveis a produção do conhecimento em diferentes instâncias, possibilitando-lhes realizar escolhas de maneira consciente e autônoma.

Contudo, o exercício da vontade não pode acontecer de modo isolado, pois o ser humano está inserido em um contexto sociocultural e histórico que apresenta uma associação de crenças e de costumes que influenciam profundamente as relações interpessoais, a organização sociopolítica, as estruturas econômicas, a produção de conhecimento e a tecnologia (Ruthes; Esperandio, 2017).

Nesse sentido, a dimensão religiosa é fundamental, pois, pelo "reconhecimento, dependência, veneração com relação ao Sagrado" (Mondin, 1982, p. 242), o ser humano realiza um movimento em busca do divino que o ajuda a entender o mundo que o cerca. Tal questão é crucial para compreendermos a ação humana por meio do relacionamento com Deus, em especial a forma como ele vivencia sua liberdade.

De acordo com o Catecismo da Igreja Católica, "a liberdade é o poder, baseado na razão e na vontade, de agir ou não agir, de fazer isto ou aquilo, portanto, de praticar atos deliberados" (CIC, n. 1733). Assim, a liberdade oferece a possibilidade de a pessoa escolher entre o bem e o mal. No entanto, os fiéis devem, por meio de uma visão cristã, firmar em Deus o parâmetro para seu julgamento moral, tendo em vista que, quanto mais o indivíduo pratica atos considerados bons, mais ele se torna livre da escravidão do pecado (CIC, n. 1733). Esse é o pressuposto da afirmação de São Paulo na Epístola aos Gálatas, em que, ao abordar a questão da liberdade, salienta que ela deve ser vivida pelo ser humano em Cristo, e não sob o jugo do pecado (Gl 5,1). Entendida como fruto da graça, a liberdade é um dom (Gl 5,4).

Como esclarece Zilles (2011, p. 114),

> Na Bíblia a ideia de liberdade aparece vinculada à ação divina, à ação libertadora de Deus, ou seja, como libertação. Deus liberta seu povo da escravidão do Egito (Ex. 20,2 e Dt. 15, 15) [...]. No Novo Testamento, a liberdade também aparece como ação libertadora de Deus. Paulo desenvolve o esboço de uma teologia da liberdade na qual esta aparece como um dom de Cristo (Gl. 5, 1; 2, 4). A liberdade

paulina atesta o caráter gratuito da salvação que libertou o homem de todos os poderes, inclusive da morte.

Nessa perspectiva, reforçamos que a liberdade deve ser encarada como um dom de Deus, pois Ele quis dar ao ser humano o poder de decisão. Vista como dádiva e responsabilidade, a liberdade é um pressuposto da dignidade humana não apenas no seu exercício, mas também na promoção das ações desenvolvidas por seu intermédio. Por isso, o ser humano é convocado a autodeterminar, de forma responsável, sua vida e suas escolhas (GS, n. 17).

> A liberdade deve ser encarada como um dom de Deus, pois Ele quis dar ao ser humano o poder de decisão.

Síntese

Neste capítulo, examinamos mais detidamente a doutrina da *Imago Dei*. Conforme demonstramos, essa doutrina é considerada um tema fundamental na antropologia teológica, pois condensa em si todos os elementos essenciais para a análise do ser humano. Na Bíblia, a pessoa humana é considerada o ápice da Criação, uma criatura com a qual Deus deseja relacionar-se e à qual atribui a vocação de cocriador. Contudo, em virtude do pecado original cometido por Adão, é somente em Cristo, o novo Adão, que encontramos a plenitude.

Como procuramos explicar, o pecado não eliminou a *Imago Dei*, mas criou um distanciamento entre o ser humano e Deus. Segundo as reflexões dos diversos teólogos da Tradição, a natureza humana não se modifica em sua essência, pois o ser humano continua sendo capaz de conhecer e amar seu Criador. Porém, a ação vivificadora de Cristo constitui o ponto-chave para que essa relação possa ser efetiva.

Por fim, mostramos que é nessa doutrina que está fundamentada a vivência da liberdade cristã. Nessa perspectiva, o ser humano, um ser relacional e composto de várias dimensões que constituem seu aspecto unitário, é chamado a interpretar o mundo pela visão cristã. Essa interpretação faz com que ele possa deliberar entre o bem e o mal e, caso opte pelo bem, libertar-se do pecado e abrir-se cada vez mais a um relacionamento íntimo com Deus.

Indicação cultural

> SOUZA, J. N. de. O destino do homem no plano de Deus: uma análise da antropologia patrística sobre a "imagem e semelhança". **Revista Pistis & Praxis: Teologia e Pastoral**, Curitiba, v. 1, n. 1, p. 119-145, jan./jun. 2009. Disponível em: <http://www2.pucpr.br/reol/pb/index.php/pistis?dd1=2482&dd99=view&dd98=pb>. Acesso em: 29 maio 2018.

Nesse artigo, José Neivaldo de Souza analisa a questão da imagem e semelhança pela perspectiva dos Padres da Igreja. Para isso, o autor apresenta as principais concepções que envolvem a temática, buscando examiná-las de maneira conjunta.

Atividades de autoavaliação

1. Na primeira narração da Criação, o ser humano é criado à imagem e semelhança de Deus. Segundo Von Rad (1990) e Wolff (2007), a doutrina da *Imago Dei* traz em si uma compreensão particular de quem é o ser humano. Considerando a interpretação desses dois autores sobre a temática, marque V para as alternativas verdadeiras e F para as falsas.
   ( ) O ser humano é considerado uma criatura sem qualquer característica diferenciada.
   ( ) O ser humano é considerado o ápice e a conclusão do processo criador.

( ) O ser humano tem a função de representar o Criador, submetendo a si todas as criaturas.

( ) O ser humano é uma criatura intermediária entre os animais e os seres celestes.

Agora, assinale a alternativa com a sequência correta:
a) F, V, V, F.
b) F, V, V, V.
c) V, V, V, F.
d) V, F, F, V.

2. De acordo com Westermann (2013), o centro da análise da doutrina *Imago Dei* está na ação de Deus e na condição humana. Considerando a interpretação desse autor, marque V para as alternativas verdadeiras e F para as falsas.

( ) A Criação parte do desejo de Deus de se relacionar com o ser humano.

( ) O ser humano é chamado pela Criação apenas para dominar as demais criaturas.

( ) O aspecto da imagem e semelhança reside também na intersubjetividade que envolve todos os aspectos e dimensões da vida humana.

( ) A condição de imagem não está relacionada apenas à questão do domínio das criaturas.

Agora, assinale a alternativa com a sequência correta:
a) F, F, V, V.
b) V, F, V, V.
c) F, V, F, V.
d) V, V, V, F.

3. Para São Paulo, a questão da imagem e semelhança está diretamente relacionada à analogia do homem novo, que foi vivificado em Cristo (Cl 1,15). Considerando essa afirmação, marque V para as alternativas verdadeiras e F para as falsas.
   ( ) Para Paulo, todos temos a imagem de Adão, que somente pode ser renovada em Jesus.
   ( ) Cristo, no qual temos nossa imagem restaurada pela graça, é o segundo Adão.
   ( ) O homem velho é correlacionado com Adão.
   ( ) Quem aceita a mensagem do Evangelho é restaurado do pecado, recuperando a *Imago Dei*.

   Agora, assinale a alternativa com a sequência correta:
   a) F, F, V, V.
   b) V, F, F, V.
   c) V, V, V, V.
   d) F, V, V, V.

4. As palavras *selem* (imagem) e *demut* (semelhança) são utilizadas para expor a doutrina da *Imago Dei*. O que elas significam?
   a) *Selem* é uma representação espiritual do ser humano e *demut*, sua dimensão corpórea.
   b) *Selem* é uma representação plástica, concreta, de determinada realidade, enquanto *demut* são as capacidades espirituais do ser humano.
   c) *Selem* é a dimensão afetiva do ser humano, enquanto *demut* é a intelectiva.
   d) *Selem* é uma representação plástica, concreta, de determinada realidade; já *demut* se refere tanto às capacidades intelectivas e morais do ser humano quanto à sua aparência exterior concreta.

5. Tomás de Aquino apresenta dois conceitos fundamentais para entendermos sua doutrina sobre a *Imago Dei*. São eles: a imagem (*imago*) e o modelo (exemplar). Considerando esses dois conceitos, marque V para as alternativas verdadeiras e F para as falsas.
( ) A imagem implica semelhança, imitação e subordinação.
( ) O modelo é aquilo que pressupõe apenas a imitação.
( ) Fundamentado nesses dois conceitos, Santo Tomás afirma que Deus é o sumo modelo de todas as coisas criadas, que O representam de maneiras diferentes e em níveis diversos.
( ) O modelo se fundamenta na imitação, na prioridade e na originalidade.

Agora, assinale a alternativa com a sequência correta:
a) F, V, V, V.
b) F, V, V, F.
c) V, V, V, F.
d) V, F, V, V.

Atividades de aprendizagem

Questões para reflexão

1. Leia o texto a seguir para responder às questões 1 e 2.

A responsabilidade pelo mundo criado

Os vertiginosos progressos científicos e tecnológicos dos últimos cento e cinquenta anos tiveram como resultado uma situação radicalmente nova para os seres que vivem neste planeta. Melhorias como por exemplo maior abundância material, uma qualidade de vida mais alta, melhores condições de saúde e uma expectativa de vida maior foram acompanhadas pela poluição atmosférica e das águas, pelo problema dos detritos industriais tóxicos, pela exploração e às vezes pela destruição de habitat delicados. Nesta situação, os seres humanos desenvolveram uma consciência mais aguda dos laços orgânicos que os unem aos outros seres vivos. Contempla-se agora a natureza como uma biosfera em todos os seres formam uma rede de vida, complexa e todavia cuidadosamente organizada. Agora, além disso, é fato pacificamente admitido que existem limites tanto para os recursos naturais disponíveis como também para a capacidade da natureza para reparar os danos causados a ela através da incessante exploração de seus recursos.

Infelizmente, uma das consequências desta nova sensibilidade ecológica é que o cristianismo foi por alguns acusado de ser em parte responsável pela crise ambiental, justamente por ter realçado a posição do homem, criado à imagem para governar a criação visível. Chegam alguns críticos ao ponto de dizerem que na tradição católica está faltando uma sólida ética ecológica enquanto o homem é considerado essencialmente superior ao resto do mundo natural, e que para tal ética será necessário voltar-se para as religiões asiáticas e tradicionais.

Essa crítica, porém, se baseia em uma leitura profundamente errada da teologia cristã da criação e da *imago Dei*. Falando da necessidade de uma "conversão ecológica", afirmou João Paulo II: "O senhorio do ser humano não é absoluto, mas ministerial [...], é a missão não de um senhor absoluto e inquestionável, mas de um ministro do Reino de Deus" (*Audiência Geral de 17 de janeiro de 2001*). É possível que uma errônea maneira de compreender este ensinamento tenha levado alguns a agirem de modo irresponsável em face do ambiente natural, mas a doutrina cristã sobre a criação e sobre a *imago Dei* jamais estimulou a exploração descontrolada e o esgotamento dos recursos naturais. As observações de João Paulo II refletem a crescente atenção com a qual o Magistério acompanha a crise ecológica, preocupação que encontra suas raízes já nas Encíclicas sociais dos modernos pontificados. Na perspectiva desse ensino, a crise ecológica é um problema humano e social, ligado à violação dos direitos humanos e à desigualdade no acesso aos recursos naturais. O Papa João Paulo II recapitulou esta tradição do magistério social da Igreja quando escreveu na *Centesimus annus*: "Igualmente preocupante, junto com o problema do consumismo e com ele estreitamente conexo, é a *questão ecológica*. O homem, dominado pelo desejo de ter e gozar, mais que pelo desejo de ser e crescer, consome de modo exagerado e desordenado os recursos da terra e a sua própria vida. Na raiz da insensata destruição do ambiente natural está um erro antropológico, infelizmente muito difundido em nossa época. O ser humano, que descobre sua capacidade de transformar e, em certo sentido, criar o mundo com seu próprio trabalho, esquece que este sempre se desenvolve na base da primeira originária doação das coisas por Deus" (CA 37).

Fonte: CTI, 2004, n. 71-73, grifo do original.

Explique por que podemos considerar errônea a interpretação de que era culpa da tradição cristã a degradação do meio ambiente.

2. Pela imagem e semelhança, Deus torna o ser humano responsável por toda a criação. De que forma essa responsabilidade é explicitada pelo texto lido?

Atividade aplicada: prática

1. Para Tomás de Aquino, a doutrina da imagem e semelhança está relacionada à interpretação de dois conceitos: imagem (*imago*) e modelo (exemplar). Assim, releia a Seção 3.2 e explique os dois termos com base nas características de cada um deles. Para enriquecer sua reflexão sobre esses conceitos, sugerimos a leitura do seguinte texto:

    TOMÁS DE AQUINO, Santo. **Suma teológica**. Tradução de Carlos Josaphat Pinto de Oliveira. São Paulo: Loyola, 2001. v. I. p. 183-185.

Imagem	Modelo

4
O pecado original e a condição de pecador[1]

---
[1] Todas as passagens bíblicas indicadas neste capítulo são citações de Bíblia (2017).

Nos Capítulos 2 e 3, destacamos que o ser humano é uma criatura feita à imagem e semelhança de Deus, a quem Ele deu o domínio de todo o mundo e com quem Ele deseja estabelecer um vínculo relacional.

Contudo, o ser humano está inserido em uma história de pecado iniciada no princípio de toda a Criação, a qual se desdobra até os dias atuais. Nesse sentido, é importante analisar os aspectos histórico-doutrinários que envolvem o pecado, a fim de entender seus desdobramentos na vida.

Assim, neste capítulo, examinaremos as diversas formas como o pecado, principalmente o pecado original, é abordado nas Sagradas Escrituras, bem como os fundamentos teológicos pelos quais essa doutrina foi desenvolvida. Por fim, apresentaremos algumas visões teológicas referentes ao pecado e às suas implicações.

4.1 A questão do pecado nas Sagradas Escrituras

De acordo com Moser (1996), a teologia compreende o mal por meio de quatro dimensões: a **existencial**, a **comunitária**, a **social** e a **cósmica**. Além de essas dimensões expressarem, de forma ampla, a condição de pecaminosidade do ser humano, elas também contemplam as consequências geradas por ela.

Visto como um desequilíbrio estrutural enraizado no coração humano, o pecado leva a pessoa a abusar da própria liberdade. Tal atitude gera um processo de destruição da ordem que é o fim último da vida, que contempla a experiência de harmonia consigo mesmo, com o próximo e com as coisas criadas. Essa situação provoca uma **fragmentação da condição existencial**, na qual a vida humana se apresenta "como uma luta dramática entre o bem e o mal" (GS, n. 13), fruto do egoísmo e do orgulho dos seres humanos (GS, n. 25).

No **âmbito comunitário**, a Igreja reconhece que, ao ser constituída por pessoas humanas, precisa constantemente de purificação por meio do exercício ininterrupto da penitência e da renovação (LG, n. 8). Ao ser ferida pelo pecado humano, a comunidade eclesial oferece, por meio do sacramento da penitência, o perdão às ofensas cometidas.

Nesse aspecto, a caridade, o exemplo e a oração contribuem na dinâmica de conversão (LG, n. 11).

Já na **dimensão social**, o pecado é identificado na postura de diversas associações e instituições que não buscam o bem comum em suas atividades, mas apenas interesses próprios, não gerando – e, por vezes, dificultando – a construção da fraternidade (GS, n. 37). Exemplos concretos desses pecados sociais podem ser encontrados em estruturas econômicas, políticas e sociais. As desigualdades econômicas, a corrupção, os governos ditatoriais, a privação dos direitos humanos, a intolerância, a escravidão, a prostituição, o mercado humano e os genocídios são amostras dessa condição de pecaminosidade.

Por fim, na **esfera cósmica**, entende-se o pecado como o rompimento da harmonia com todas as coisas criadas. Isso ocorreu com a desobediência do primeiro humano, Adão, que quebrou a Aliança com Deus e, consequentemente, gerou uma deformação da realidade do mundo (GS, n. 39).

No Antigo Testamento, existem diversas narrações que colocam em evidência a origem, a natureza e o crescimento do pecado. No livro do Gênesis, há diversas alusões à origem do pecado como transgressão da Aliança que Deus havia estabelecido com o ser humano (Gn 2,16-17; Gn 3,1-24). Abusando, de maneira soberba, de sua liberdade, Adão buscou a finalidade de sua vida fora do Criador:

> Estabelecido por Deus num estado de santidade, o homem, seduzido pelo maligno, logo no começo da sua história abusou da própria liberdade, levantando-se contra Deus e desejando alcançar o seu fim fora d'Ele. Tendo conhecido a Deus, não lhe prestou a glória a Ele devida, mas o seu coração insensato obscureceu-se e ele serviu à criatura, preferindo-a ao Criador. (GS, n. 13)

Assim, podemos afirmar que o pecado consiste na recusa do dom de Deus e na tentativa soberba de querer ser como Ele (Ladaria, 2016).

Pense a respeito

Até que ponto o pecado influenciou a Economia da Salvação, tendo em vista que ele não era uma realidade no estabelecimento da primeira Aliança?

De acordo Ribeiro (1995, p. 163),

> não é o pecado que determina a economia salvífica. É verdade que esta, de algum modo, foi alterada por aquele. Mas, Deus é capaz de absorver no seu plano essa realidade do ser humano pecador. A humanidade fora e permanece criada à sua imagem. O pecado deforma o projeto original, mas não o anula. O ser humano, porém, fica sem ter alguma referência definitiva. Só em Jesus encarnado/ressuscitado, cuja história pessoal também se tornou redentiva, é que o plano de Deus recuperou para o ser humano sua originalidade.

Além da história da Criação, há outras passagens do Antigo Testamento que reforçam que todas as pessoas são pecadoras. Nos trechos a seguir, é possível perceber o pecado como algo inerente ao ser humano:

> **A corrupção da humanidade** – Iahweh viu que a maldade do homem era grande sobre a terra, e que era continuamente mau todo o desígnio de seu coração. (Gn 6,5)

> Quando tiverem pecado contra ti – pois não há pessoa alguma que não peque [...]. (1Rs 8,46)

> Como pode o homem ser puro ou inocente o nascido de mulher? (Jó 15,14)

> Não existe um homem tão justo sobre a terra que faça o bem sem jamais pecar. (Ecl 7,21)

Contudo, conforme elucida Fries (1970b, p. 196), esses versículos não estão ligados a uma ideia de "culpabilidade original comum a toda a humanidade e da sua hereditariedade". Em outras palavras, eles não têm como fundamento a ideia de pecado original.

Importante!

Apesar de haver textos de referência sobre o pecado original nas Sagradas Escrituras, eles não devem ser considerados como desenvolvimento doutrinário. Essa função coube aos Padres da Igreja, que passaram a assumi-la a partir do século IV. As passagens mencionadas foram utilizadas pelos padres posteriormente para fundamentar a doutrina; entretanto, por si sós, elas não têm plena força probativa.

Já em outras passagens, é feita uma alusão ao primeiro pecado e à existência de uma culpa hereditária. Nos livros proféticos, por exemplo, há versículos em que é anunciado o desdobramento do pecado dos pais nos filhos, não como castigo hereditário, mas como influência moral. Relembrando o descumprimento da Aliança, os profetas salientam, diversas vezes, a atitude das gerações passadas como consequência da situação de seu tempo:

> Deitemo-nos em nossa vergonha, cubra-nos a nossa confusão! Pois pecamos contra Iahweh nosso Deus, nós e nossos pais, desde nossa juventude e até o dia de hoje, e não obedecemos a Iaweh nosso Deus. (Jr 3,25)
>
> Com efeito, ele me disse: "Filho do homem, enviar-te-ei aos israelitas, a esses rebeldes que se rebelaram contra mim até o dia de hoje. Os filhos são insolentes e de coração empedernido [...]". (Ez 2,3-4)
>
> Assim falou Iahweh: Por três crimes de Judá, e por quatro, não o revogarei [o decreto]! Porque desprezaram a lei de Iahweh e não

> guardaram os seus decretos, suas Mentiras os seduziram, aquelas atrás das quais os seus pais correram. (Am 2,4)

Nos livros sapienciais, também existem diversas passagens que inserem o pecado original em uma dimensão de universalidade:

> Quem pode dizer: "Purifiquei meu coração, do meu pecado estou puro"? (Pr 20,9)
>
> Quem fará sair o puro do impuro? Ninguém.[2] (Jó 14, 4)
>
> Pode o homem ser justo diante de Deus? Um mortal ser puro diante do seu Criador? (Jó 4,17)
>
> Eis que nasci na culpa, minha mãe concebeu-me no pecado. (Sl 50,7)
>
> Não entreis em juízo com o vosso servo, porque ninguém que viva é justo diante de vós. (Sl 142,2)

Tais concepções indicam que o pecado gera pecado. Por meio dessa lógica, o ser humano passa a ser responsável por sua vida e por seu futuro (Ladaria, 2016).

Além dessas passagens que remetem à natureza pecadora do homem ou ao próprio pecado original, há ainda aquelas que chamam atenção para a responsabilidade individual pelo pecado cometido. O profeta Ezequiel demonstra isso de maneira explícita ao reproduzir o discurso do Senhor:

> Todas as vidas me pertencem, tanto a vida do pai, como a do filho. Pois bem, aquele que pecar, esse morrerá. Se um homem é justo e pratica o direito e a justiça, [...] se age de acordo com meus estatutos e observa as minhas normas, praticando fielmente a verdade: este homem será justo e viverá [...]. (Ez 18,4-5.9)

---

2 Nessa passagem, salienta-se a não possibilidade de o indivíduo libertar-se da impureza do pecado original, visto que o anúncio do Messias ainda não havia sido feito.

Nessa passagem, o profeta destaca que a escolha feita diante do pecado determina o futuro da vida do indivíduo. As expressões *morrer* ou *viver* não se referem apenas à vida existencial, mas à vida junto ao Criador. Assim, a responsabilidade pelos atos não é aqui imputada a terceiros, ou ao próprio Deus, mas à escolha pessoal diante da observância ou não dos mandamentos.

Mas a compreensão acerca do pecado original é constituída com base na interpretação do Novo Testamento, centrado na pessoa e na ação salvífica de Cristo (Mondin, 1979). Embora os Evangelhos não neguem a inerência do pecado e da culpa no homem, eles não justificam essa questão como consequência do pecado original (Fries, 1970b). Neles, não há como distinguir sequer o pecado pessoal do hereditário, tendo em vista que as narrativas estão centradas na vinda de Cristo, no momento histórico-salvífico que redime esse primeiro pecado e restabelece a Aliança com Deus (Fries, 1970b).

Para nos aprofundarmos na temática do pecado original no Novo Testamento, utilizaremos as epístolas paulinas como nossa chave de leitura. Na carta à comunidade de Roma (Rm 5,12-21), há uma passagem em que Paulo aborda essa questão sob o indicativo de que o pecado de Adão afeta todo o gênero humano.

> **Adão e Jesus Cristo** – Eis por que, como por meio de um só homem o pecado **entrou no mundo** e, pelo pecado, a morte, assim a morte passou a todos os homens, porque todos pecaram. Pois até à Lei havia pecado no mundo; o pecado, porém, não é levado em conta quando não há lei. Porém, a morte imperou desde Adão até Moisés, mesmo sobre aqueles que não pecaram de modo semelhante à transgressão de Adão, que é figura daquele que devia vir... (Rm 5,12-14, grifo do original)

Para Paulo, todos são afetados pela desobediência de Adão, pois continuam em sua existência o desdobramento da lógica do pecado. Em outras palavras, o apóstolo evidencia a predisposição humana ao pecado. A punição de Adão, que se estendeu a toda a sua descendência, consiste na privação da Visão e da imortalidade confiadas por Ele.

A punição pelo pecado original somente pôde ser rompida quando foi oferecida à humanidade a Salvação. Isso ocorreu por meio da vinda de Jesus Cristo, apresentado como novo Adão[3], aquele por meio do qual a Salvação entrou no mundo. Como afirma o apóstolo, "Se pela falta de um só a multidão morreu, com quanto maior profusão a graça de Deus e o dom gratuito de um só homem, Jesus Cristo, se derramaram sobre a multidão" (Rm 5,15).

Portanto, o apóstolo apresenta a temática do pecado original de uma perspectiva cristológica, cujo cerne é a afirmação de que a justificação do pecado vem por meio da graça que nos é concedida pela fé em Cristo. Assim como a morte entrou no mundo por meio de Adão, sendo a humanidade privada da imortalidade, em Cristo todos reviverão para a vida eterna ao lado do Senhor, podendo ter restaurada a visão dele.

Importante!

Apesar de Paulo afirmar que em Adão todos se tornaram pecadores (Rm 5,19), ele não apresenta o modo como é realizada essa vinculação. Mesmo que não possamos afirmar que haja, nessa passagem, uma formação completa da doutrina sobre o pecado original, não seria um absurdo considerá-la como seu fundamento (Fries, 1970b).

---

[3] É imporante recordar o que foi desenvolvido no Capítulo 2 sobre a relação entre Criação e Salvação.

4.2 O desenvolvimento histórico-doutrinário do pecado original

A questão do pecado original foi desenvolvida, em um primeiro momento, pelos Concílios de Cartago[4] e de Orange[5]. Isso porque, na época, havia grande preocupação da Igreja com relação à doutrina em razão dos embates com as heresias. Posteriormente, a doutrina do pecado original foi definida no Concílio de Trento[6].

Para compreender melhor esse embate com as heresias, é necessário entender o contexto histórico desses concílios. No século IV, Santo Agostinho (354-430) confrontou, teologicamente falando, o pelagianismo e sua doutrina.

De acordo com Daniélou (1964), os sete pontos principais da doutrina pelagiana são:

1. Adão deveria morrer, mesmo se não tivesse pecado.
2. O pecado de Adão prejudicou apenas a ele, e não toda a humanidade.
3. Os recém-nascidos encontram-se na mesma condição que Adão antes de seu pecado.

---

4 O Concílio de Cartago ocorreu em 418, com a presença de 214 bispos. Nesse concílio, foram elaborados nove cânones sobre a doutrina do pecado original e da necessidade da graça.

5 O Concílio de Orange ocorreu entre os anos de 441 e 529 e foi realizado em duas fases. Em seus 25 cânones, estabeleceu-se a doutrina que refuta a visão semipelagiana de que o ser humano, apesar de sua natureza pecadora, ainda pode responder à graça de Deus por meio de atos de boa vontade.

6 O Concílio de Trento foi o 19º Concílio Ecumênico da Igreja, realizado em três períodos entre os anos de 1545 e 1563. Tinha como objetivo primordial garantir a unidade da fé e discutir questões relacionadas à disciplina eclesiástica. Os principais cânones estabelecidos se referem à interpretação da Escritura e à importância da Tradição, ao pecado original e à justificação (Lacoste, 2004).

4. A humanidade não está sujeita à morte por causa do pecado de Adão.
5. A Lei conduz ao céu, tanto quanto o Evangelho.
6. Antes da vinda de Jesus, havia seres humanos sem pecado.
7. As crianças podem obter a vida eterna, mesmo sem o batismo.

O ponto central da controvérsia pelagiana está na possibilidade de o ser humano salvar-se por si mesmo, sem o auxílio da graça. Para os pelagianos, o ser humano nasce em um estado de inocência e, consequentemente, seria possível alcançar a perfeição por meio das próprias ações. A realidade do pecado e da graça é profundamente negada por essa doutrina (Moser, 1996).

Santo Agostinho se opôs de forma veemente a essa estrutura doutrinária. Fundamentando-se na passagem da Carta de São Paulo aos Romanos, que expressa que em Adão todos os seres humanos pecaram (Rm 5,12), Agostinho salienta que a realidade do pecado é inerente à vida humana. Para ele, o primeiro homem criado, Adão, fez mau uso de sua liberdade por meio da soberba, rompendo a Aliança com Deus e, consequentemente, submetendo a humanidade à morte e ao jugo do pecado (Agostinho, 2011). Segundo Berkouwer (1958, p. 12), o que houve foi um rompimento "incontestável das relações humanas, ou [uma] desobediência ao santo mandamento de Deus, [que gerou uma] ruptura da comunhão com Ele".

Nessa perspectiva, Agostinho afirma que a possibilidade de justificação do pecado original só pode advir da ação da graça de Deus. Como declara Rosa (2004, p. 228), "Visto que o livre-arbítrio foi dado ao homem por Deus, e perdido pela escolha do pecado, ele não pode ser recuperado senão através da ação da graça de Deus".

Pense a respeito

Portanto, quem de modo conveniente se serve da lei, chega ao conhecimento do mal e do bem e, não confinado na sua força, refugia-se na graça, cujo auxílio lhe dá forças para se afastar do mal e fazer o bem. E quem recorre à graça? Não é aquele cujos passos são orientados pelo Senhor e escolhe seus caminhos? (Sl 36,23). Assim, o desejo da graça é início da graça, da qual fala o salmista: *Então eu digo: Agora começo: está mudado a destra do Altíssimo* (Sl 76,11). Consequentemente, devemos confessar que temos liberdade para fazer o mal e o bem; mas para fazer o mal, é mister libertar-se da justiça e servir ao pecado, ao passo que na prática do bem, ninguém é livre, se não é libertado por aquele que disse: *Se, pois, o Filho vos libertar; sereis, realmente, livres* (Jo 8,36). Mas ninguém pense que, uma vez libertado da sujeição ao pecado, não lhe é mais necessário o auxílio do libertador. Pelo contrário, ouvindo dele: *Sem mim nada podeis fazer* (Jo 15,5), responda-lhe: *Tu és minha ajuda; não me deixes* (Sl 26,9).

Fonte: Agostinho, 1999, p. 59.

As reflexões de Agostinho sobre o pecado original influenciaram as decisões dos Concílios de Cartago e de Orange, que condenaram a doutrina pelagiana e determinaram uma tradição mais precisa com relação ao pecado original. De acordo com Moser (1996), os três primeiros cânones de Cartago se referem à afirmação da doutrina do pecado original, ao passo que os demais versam sobre a doutrina da graça. Foi nesse concílio que se estabeleceu a necessidade do batismo de crianças para a remissão dos pecados. Já no Concílio de Orange, reafirmaram-se as posturas agostinianas sobre o pecado original e a graça e considerou-se a questão das obras meritórias como cooperadoras da graça para a consumação da Salvação (Moser, 1996).

No Período Escolástico, o pecado original foi interpretado sob duas óticas: como privação da justiça original e como fonte da concupiscência (Moser, 1996). Em Santo Tomás de Aquino (1225-1274), essas duas tradições se fundem. Para o doutor angélico, o pecado original está fundado na "falta da justiça original" e "na concupiscência que ultrapassa os limites da razão" (Tomás de Aquino, 2005b, p. 432-438).

Martinho Lutero (1483-1546) reagiu a essas interpretações de forma veemente, afirmando que o pecado original não era somente tema de disputas teológicas, as quais o distanciavam da natureza humana. Com base em sua experiência pessoal, Lutero concluiu que o pecado original é uma profunda tendência ao mal que todas as pessoas experimentam, mesmo após o batismo. Assim, ele considerava a natureza humana completamente corrompida pelo pecado, sendo condição substancial para a justificação a **consciência da pecaminosidade** (Moser, 1996).

Nesse contexto, o Concílio de Trento retomou alguns cânones dos Concílios de Cartago e de Orange, a fim de estabelecer alguns posicionamentos teológicos com relação às teses de Lutero. Desse modo, o Concílio de Trento proclamou alguns dogmas sobre a doutrina referente ao pecado original. De acordo com Moser (1996, p. 105), os cinco dogmas que foram proclamados podem ser resumidos da seguinte forma:

1. Adão, por meio do pecado, perdeu a santidade e justiça originárias do ser humano.

2. Esse pecado de Adão afetou toda a humanidade, entendida como sua descendência, pois, embora um na origem, o pecado se multiplica a cada novo nascimento.

3. Por causa do pecado original, o ser humano está condenado a ser atingido pelo sofrimento e pela morte.

4. O pecado original somente pode ser sanado pelo batismo em Jesus Cristo, por isso o batismo para as crianças se torna necessário.

5. Por meio do batismo, o pecado original é perdoado, mas as consequências continuam atuantes. Assim, a concupiscência que permanece após o batismo não pode ser identificada com ele.

Outra leitura sobre os dogmas conciliares foi realizada por Flick e Alszeghy (1974), que propuseram quatro níveis de análise: cristológico, eclesiológico, antropológico e o etiológico. Os autores destacam que o Concílio de Trento reafirma que não há salvação para o gênero humano fora do mérito de Cristo. Além disso, essa salvação só é efetuada no seio da Igreja, em razão de sua função sacramental de realizar o batismo. Sem esse sacramento, o homem permanece isolado de Deus, pois permanece herdeiro do pecado de Adão, em estado de miséria moral e espiritual (Flick; Alszeghy, 1974).

Após o Concílio de Trento, o desenvolvimento doutrinário sobre o pecado original não teve grandes avanços. Contudo, o Concílio Vaticano II (1962-1965) apresentou, do ponto de vista teológico, a mesma estrutura doutrinária, mas sob outra ótica. Segundo Moser (1996), é possível identificar na estrutura de alguns documentos um empenho para o *aggiornamento*[7] dessa doutrina, que é analisada levando-se em consideração as circunstâncias nas quais a pessoa está historicamente inserida. Uma das passagens em que essa questão pode ser percebida está na "Introdução" da Constituição Pastoral *Gaudium et Spes*:

> Na verdade, os desequilíbrios de que sofre o mundo atual estão ligados com aquele desequilíbrio fundamental que se radica no coração do homem. Porque no íntimo do próprio homem muitos

---

[7] Termo utilizado pelo Papa João XXIII (1881-1963) para indicar a finalidade do Concílio Vaticano II. *Aggiornamento* significa "atualização", embora possa ter ainda mais três sentidos básicos: 1) colocar em dia; 2) modernizar (no sentido de adequar-se a novas exigências); 3) e adiantar-se (Passos; Sanchez, 2015).

elementos se combatem. Enquanto, por uma parte, ele se experimenta, como criatura que é, multiplamente limitado, por outra sente-se ilimitado nos seus desejos, e chamado a uma vida superior. Atraído por muitas solicitações, vê-se obrigado a escolher entre elas e a renunciar a algumas. Mais ainda, fraco e pecador, faz muitas vezes aquilo que não quer e não realiza o que desejaria fazer. (GS, n. 10)

Por fim, no Catecismo da Igreja Católica (CIC), o pecado é salientado como "'o reverso' da Boa Notícia de que Jesus é o Salvador de todos os homens, de que todos têm necessidade da salvação e de que a Salvação é oferecida a todos graças a Cristo" (CIC, n. 389). Nessa perspectiva, o pecado original é analisado sob a ótica do processo da Salvação, que tem sua plenitude em Cristo.

4.3 A questão do pecado e as perspectivas atuais de reflexão

Após o Concílio Vaticano II, foram elaboradas diversas abordagens teológicas sobre o pecado original. Antes de analisá-las, é importante salientarmos que a teologia tradicional faz uma distinção entre o pecado original originante e o pecado original originado.

O **pecado original originante** refere-se ao pecado cometido no início da história da humanidade, que gerou o mal que recaiu sobre o mundo. Já o **pecado original originado** constitui o desdobramento daquele pecado em consequências negativas, que se expressam em um isolamento do ser humano com relação a Deus (Ladaria, 2016).

Diversos teólogos desenvolveram análises desses dois pressupostos fundamentais com base em matrizes diferenciadas, buscando identificar algumas dimensões essenciais.

A primeira delas é a **dimensão ontológica** – abordada anteriormente nesta obra –, a qual refere à concepção de que o pecado original é algo inerente à natureza humana. Nessa dimensão, o critério de historicidade[8] não pode ser desconsiderado – o que não significa a contestação da existência de Adão. Como já mencionado, essa dimensão evidencia que as narrativas bíblicas sobre a Criação tinham como intenção a educação religiosa do povo de Israel. Assim, Adão, mais que um homem com subjetividade constituída, representa uma personalidade coletiva, o primeiro pai que transmitiu a todos os seus descendentes o estado de pecado (Mondin, 1979).

A segunda dimensão de análise é a **sociológica**. Nela, o pecado original é abordado como o pecado do mundo. Os teólogos que defendem a pregação de Jesus sobre o amor ao próximo acreditam que o pecado está relacionado com a "recusa de uma abertura para os outros, primeiro para Deus e depois para o próximo" (Mondin, 1979, p. 235). Dessa maneira, mesmo sendo entendido em um nível pessoal, o pecado permeia as interações humanas e as diversas estruturas e instituições sociais: "cada pessoa está objetivamente dentro de uma situação de pecado, uma espécie de atmosfera contaminada, preexistente a cada pessoa concreta, influenciando-a, contudo, e levando-a ao pecado" (Moser, 1996, p. 116).

Há ainda uma terceira abordagem, que analisa a doutrina do pecado original sob o viés da **perspectiva histórico-salvífica**. Nela, enfatiza-se Cristo como o modelo de todos os seres humanos. Fundamentada na lógica Criação-Encarnação-Redenção, essa dimensão permite compreender o *status* teleológico da Economia da Salvação. Como afirma Moser (1996, p. 118),

---

8 Método de pesquisa pelo qual se analisa o objeto de estudo sob a perspectiva do desenvolvimento histórico.

Destarte, quando os seres humanos nascem, não nascem apenas na situação de pecado, mas também numa situação de redenção. Por isto mesmo, numa perspectiva cristã "não tem sentido falar de não salvação desvinculada da salvação decorrente da graça de Cristo. Situação de não salvação e situação de salvação constituem a condição humana real e histórica.

Por fim, há a **dimensão existencial**. A preocupação dos teólogos que defendem essa posição é esclarecer o significado subjetivo e pessoal da Revelação: "Visa descobrir o sentido de que se reveste para mim a Palavra [...], que é considerada como uma interpelação dirigida diretamente ao indivíduo ao qual ela abre sua realidade tal como é vista por Deus, e solicita e provoca conversão" (Mondin, 1979, p. 212). Häring (1976) discute essa questão por meio da **categoria de alienação**. Segundo ele, o pecado é a rejeição da verdade que dá significado à vida humana.

Pense a respeito

Apesar de utilizar categorias existencialistas, Häring não reduz o pecado à sua condição meramente imanente: como uma ofensa ao humano ou uma falta de ordenamento nas relações com o próximo. Ele se fundamenta no **princípio da Revelação** para salientar que

> a ideia de pecado é ofensa a Deus, injustiça para com Deus criador e Pai, recusa de sua amizade [...]. O pecado é dirigido contra Deus Santo e contra sua santidade: o homem pecador não quer adorá-lo com todo seu coração e com toda sua vida. A ofensa à santidade de Deus exprime-se também na opção de quem não quer reconhecer sua necessidade de redenção e sua dependência de Deus santo e santificante. O indivíduo que justifica a si mesmo, o orgulhoso, nega a honra devida a Deus e se priva da salvação, a qual não é um conceito exclusivamente sobrenatural, mas de uma totalidade

única: o homem que repele a salvação recusa a integração, seu justo lugar no mundo, e opta por sua completa alienação. (Häring, 1976, p. 53, tradução nossa)

Dessa maneira, é possível perceber que todas essas dimensões têm como pano de fundo a preocupação em salientar a doutrina da Igreja sobre o pecado original com base nas circunstâncias que a vida e o mundo atual oferecem.

Síntese

Neste capítulo, reforçamos que o ser humano está inserido em uma história de pecado iniciada pelos primeiros pais da humanidade, Adão e Eva, e que essa história se desdobra até os dias atuais. Em seguida, aprofundamos nossa análise sob a ótica da Aliança, segundo a qual o pecado constitui a escolha moral pelo mal, que leva o indivíduo a ficar alienado com relação a Deus ao recusar seus dons.

Na sequência, abordamos a doutrina do pecado original tendo em vista seus efeitos individuais (cada pessoa) e coletivos (toda a humanidade). Esclarecemos que, nos Evangelhos, essa doutrina é desenvolvida nas epístolas paulinas, as quais evidenciam que todos pecaram por meio de Adão, e que a força do pecado é algo anterior às opções pessoais. Como salienta o apóstolo, somente em Cristo essa lógica pôde ser rompida.

Na Tradição, tanto teólogos quanto a própria Igreja reafirmam a doutrina de São Paulo. Diversos Concílios foram realizados para ratificá-la, a fim de evitar as interpretações equivocadas que começaram a surgir. Nesse sentido, Santo Agostinho teve um papel destacado ao produzir textos teológicos importantes para combater as heresias próprias do século IV, como o pelagianismo.

Por fim, apresentamos como as reflexões teológicas têm sido conduzidas atualmente. Conforme demonstramos, essas reflexões são realizadas com base em diversas correntes, como a ontológica, a sociológica, a histórico-salvífica e a existencial. A dimensão ontológica indica que o pecado original é inerente à natureza humana. A sociológica, por sua vez, evidencia que o pecado é uma recusa de abertura do indivíduo aos seus iguais, o que contraria os ensinamentos de Cristo. A concepção histórico-salvífica se fundamenta na dinâmica da Salvação empreendida por Cristo. Por fim, na dimensão existencial, alicerçada no pressuposto de que a Revelação também é subjetiva e pessoal, entende-se o pecado com base no conceito de *alienação*.

Indicação cultural

SILVA, D. da. O pecado original: raízes histórico-teológicas de uma controvérsia. **Revista de Cultura Teológica**, v. 17, n. 66, p. 71-91, jan./mar. 2009. Disponível em: < http://revistas.pucsp.br/index.php/culturateo/article/view/15492/11571>. Acesso em: 4 jun. 2018.

Esse artigo aprofunda a análise da questão do pecado original com relação à controvérsia entre o pelagianismo e os textos de Santo Agostinho.

Atividades de autoavaliação

1. Segundo Ladaria (2016), o pecado consiste na recusa do dom de Deus e na busca soberba de querer ser como Ele. Tal escolha não era uma realidade no estabelecimento da primeira Aliança. Com relação à forma como o pecado influenciou a Economia da Salvação, analise as afirmativas a seguir.
   I. O pecado influenciou a Economia da Salvação ao modificar os planos de Deus para a humanidade.
   II. Com o pecado, a humanidade perde a imagem e semelhança com Deus; agora, seu projeto de Salvação está voltado para o restabelecimento dessa condição.
   III. O pecado não determina a Economia da Salvação, mas Deus absorve em seu plano a realidade do ser humano pecador.
   IV. O pecado deforma o projeto inicial de Deus, mas não o anula. Em Cristo, o plano de Deus recupera sua originalidade.

   Estão corretas:
   a) apenas as afirmativas II e IV.
   b) apenas as afirmativas I e III.
   c) apenas as afirmativas III e IV.
   d) apenas as afirmativas I, III e IV.

2. A pecaminosidade existente está diretamente relacionada ao pecado original. Isso se deve a dois motivos fundamentais. Assinale a alternativa que expressa esses dois motivos:
   a) O pecado original foi o primeiro pecado realizado e seus efeitos foram sentidos apenas por Adão.
   b) O pecado original é aquele que faz do ser humano um ser pecaminoso, sendo que as consequências de suas escolhas causam mal aos outros.

c) O pecado original foi o primeiro pecado realizado na História da Salvação e suas consequências se estenderam a toda a humanidade.

d) O pecado de Adão concede à humanidade sua natureza má e, em razão dessa natureza, o ser humano faz somente coisas ruins.

3. Em suas epístolas, São Paulo desenvolve uma doutrina sobre o pecado original. Tendo em vista essa informação, marque V para as afirmativas verdadeiras e F para as falsas.

( ) O pecado entra no mundo por meio de um único homem, Adão, e afeta toda a humanidade.

( ) O pecado original é uma característica da natureza humana.

( ) A força do pecado original é algo anterior a nossas opções pessoais.

( ) A lógica do pecado original somente pode ser rompida por Jesus, o novo Adão, por meio do qual a Salvação entra no mundo.

Agora, assinale a alternativa com a sequência correta:
a) V, F, F, V.
b) V, F, V, V.
c) F, V, F, F.
d) V, V, V, V.

4. No período da Reforma, surgiram várias divergências a respeito da doutrina do pecado original. Diante desse problema, a Igreja formou o Concílio de Trento, no qual estabeleceu cinco dogmas sobre o pecado original. Tendo isso em vista, marque V para as afirmativas verdadeiras e F para as falsas.

( ) O pecado de Adão afetou toda a humanidade, pois, embora tenha sido apenas um em sua origem, o pecado se multiplica a cada novo nascimento.

( ) Por meio do pecado original, o ser humano está condenado a ser atingido pelo sofrimento e pela morte.

( ) O pecado original não é sanado por meio do batismo; assim, o batismo de crianças não é necessário.

( ) O pecado original é perdoado e apagado completamente do horizonte da vida humana por meio do batismo.

Agora, assinale a alternativa com a sequência correta:
a) V, V, F, F.
b) V, V, F, V.
c) F, V, V, V.
d) V, V, V, F.

5. A análise teológica do pecado original permite fragmentá-lo em duas realidades: a do pecado original originante e a do pecado original originado. Sobre essa distinção, marque V para as afirmativas verdadeiras e F para as falsas.

( ) O pecado original originante foi cometido no início da história da humanidade, gerando o mal que o ser humano experimenta.

( ) O pecado original originado é cometido pelo indivíduo após seu nascimento.

( ) As consequências negativas que se expressam em nossa situação de isolamento com relação a Deus são um desdobramento do pecado original originado.

( ) O pecado original originante é o primeiro pecado que cada ser humano comete em sua vida, tendo em vista sua condição de criatura.

Agora, assinale a alternativa com a sequência correta:
a) V, F, V, V.
b) F, F, V, V.
c) V, F, V, F.
d) V, V, V, F.

Atividades de aprendizagem

Questões para reflexão

1. Leia o texto a seguir, extraído do Catecismo da Igreja Católica (CIC), e explique o motivo pelo qual o pecado original é considerado o contrário da boa notícia expressa em Jesus Cristo.

> Com o progresso da Revelação, é esclarecida também a realidade do pecado. Embora o Povo de Deus do Antigo Testamento tenha conhecido a dor da condição humana à luz da história da queda narrada no Gênesis, não era capaz de entender o significado último desta história, que só se manifesta plenamente à luz da Morte e Ressurreição de Jesus Cristo. É preciso conhecer a Cristo como fonte da graça para conhecer Adão como fonte do pecado. É o Espírito-Paráclito, enviado por Cristo ressuscitado que veio estabelecer "a culpabilidade do mundo a respeito do pecado" (Jo 16,8), ao revelar Aquele que é o Redentor do mundo.
>
> A doutrina do pecado original é, por assim dizer, "o reverso" da Boa Notícia de que Jesus é o Salvador de todos os homens, de que todos têm necessidade da salvação e de que a salvação é oferecida a todos graças a Cristo. A Igreja, que tem o senso de Cristo, sabe perfeitamente que não se pode atentar contra a revelação do pecado original sem atentar contra o mistério de Cristo.
>
> Fonte: CIC, n. 389.

2. Leia a seguir outro fragmento do CIC, agora sobre as consequências do pecado original, e explique de que maneira o pecado de Adão se tornou o pecado de todos os seus descendentes, mesmo não apresentando um caráter de falta pessoal.

Consequências do pecado de Adão para a humanidade

Todos os homens estão implicados no pecado de Adão. São Paulo o afirma: "Pela desobediência de um só homem, todos se tornaram pecadores" (Rm 5,19). "Como por meio de um só homem o pecado entrou no mundo e, pelo pecado, a morte, assim a morte passou para todos os homens, porque todos pecaram..." (Rm 5,12). À universalidade do pecado e da morte o Apóstolo opõe a universalidade da salvação em Cristo: "Assim como da falta de um só resultou a condenação de todos os homens, do mesmo modo, da obra de justiça de um só (a de Cristo), resultou para todos os homens justificação que traz a vida" (Rm 5,18).

Na linha de São Paulo, a Igreja sempre ensinou que a imensa miséria que oprime os homens e sua inclinação para o mal e para a morte são incompreensíveis, a não ser referindo-se ao pecado de Adão e sem o fato de que este nos transmitiu um pecado que por nascença nos afeta a todos e é "morte da alma". Em razão desta certeza de fé, a Igreja ministra o batismo para a remissão dos pecados mesmo às crianças que não cometeram pecado pessoal.

De que maneira o pecado de Adão se tornou o pecado de todos os seus descendentes? O gênero humano inteiro é em Adão "sicut unum corpus unius hominis – como um só corpo de um só homem". Em virtude desta "unidade do gênero humano", todos os homens estão implicados no pecado de Adão, como todos estão implicados na justiça de Cristo. Contudo, a transmissão do pecado original é um mistério que não somos capazes de compreender plenamente. Sabemos, porém, pela Revelação, que Adão havia recebido a santidade e a justiça originais não exclusivamente para si, mas para toda a natureza humana: ao ceder ao Tentador, Adão e Eva cometem um pecado pessoal, mas este pecado afeta a Natureza humana, que vão transmitir em um estado decaído. É um pecado que será transmitido por propagação à humanidade inteira, isto é, pela transmissão de uma natureza humana privada da santidade e da justiça originais. E é por isso que o pecado original é denominado "pecado" de maneira analógica: é um pecado "contraído" e não "cometido", um estado e não um ato.

Embora próprio a cada um, o pecado original não tem, em nenhum descendente de Adão, um caráter de falta pessoal. É a privação da santidade e da justiça originais, mas a natureza humana não é totalmente corrompida: ela é lesada em suas próprias forças naturais, submetida à ignorância, ao sofrimento e ao império da morte, e inclinada ao pecado (esta propensão ao mal é chamada "concupiscência"). O Batismo, ao conferir a vida da graça de Cristo, apaga o pecado original e faz o homem voltar para Deus. Porém, as consequências de tal pecado sobre a natureza, enfraquecida e inclinada ao mal, permanecem no homem e o incitam ao combate espiritual.

Fonte: CIC, n. 402-405.

Atividade aplicada: prática

1. Para aprofundar seus conhecimentos sobre as atuais perspectivas de análise teológica referentes ao pecado original, leia os trechos indicados dos textos a seguir e faça um esquema comparando as dimensões ontológica, sociológica, histórico-salvífica e existencial.

CATECISMO da Igreja Católica. n. 388-422. Disponível em: <http://www.vatican.va/archive/cathechism_po/index_new/prima-pagina-cic_po.html>. Acesso em: 4 jun. 2018.

CONCÍLIO VATICANO II. **Gaudium et Spes**. Roma, 7 de dezembro de 1965. n. 13, 15, 17 e 30. Disponível em: <http://www.vatican.va/archive/hist_councils/ii_vatican_council/documents/vat-ii_const_19651207_gaudium-et-spes_po.html>. Acesso em: 4 jun. 2018.

CONCÍLIO VATICANO II. **Lumen Gentium**. Roma, 21 de novembro de 1964. n. 2. Disponível em: <http://www.vatican.va/archive/hist_councils/ii_vatican_council/documents/vat-ii_const_19641121_lumen-gentium_po.html>. Acesso em: 4 jun. 2018.

5
O ser humano e a graça[1]

---
[1] Todas as passagens bíblicas indicadas neste capítulo são citações de Bíblia (2017).

No capítulo anterior, destacamos que, por causa da desobediência de Adão, o pecado afetou toda a humanidade, distanciando-a do Criador. Contudo, pela graça de Deus, a Salvação foi oferecida à humanidade por meio de Cristo. A graça, portanto, constitui o elemento fundamental do plano salvífico de Deus.

Assim, neste capítulo, analisaremos a doutrina da graça e seus desdobramentos diante da finitude humana. Para isso, apresentaremos a teologia da graça presente nas Sagradas Escrituras e na Tradição, a fim de esclarecer como ocorre o processo de experiência da graça. Por fim, discorreremos sobre a interface da graça com a questão da predestinação.

5.1 A teologia da graça nas Sagradas Escrituras e na Tradição

Nas Sagradas Escrituras, o tema da graça aparece de forma diversa no Antigo e no Novo Testamento, tendo em vista os contextos teológicos de cada um. No contexto veterotestamentário, há uma ênfase no processo de estabelecimento da Aliança com o povo de Israel. Já no Novo Testamento, a partir da manifestação de Deus em Cristo, é possível identificar o fundamento da teologia da graça.

5.1.1 A teologia da graça no Antigo Testamento

Para compreender a questão da graça no Antigo Testamento, é importante ter como chave de leitura o contexto da Aliança, inserido na dinâmica da Economia da Salvação. É necessário salientar que, embora a Aliança tenha um significado contratual, ela nada mais é que **dom** e **graça**. Em outras palavras, ela deve levar o indivíduo à compreensão da relação entre Deus e os seres humanos por meio do conceito de *gratuidade*. Tal perspectiva de análise pode parecer um tanto paradoxal; por isso, para que se possa entendê-la com clareza, é necessário considerar dois conceitos: *hesed* e *hén*.

Hesed faz referência à a obrigação de fidelidade mútua nas relações, ou seja, fundamenta os pactos e acordos que são

> Embora a Aliança tenha um significado contratual, ela nada mais é que dom e graça.

firmados entre as pessoas. A essa noção de fidelidade estão imputadas outras atitudes, como justiça e misericórdia.

A **Revelação** *hesed* indica o comportamento de Deus com relação ao ser humano, que é de profunda fidelidade e misericórdia:

> mas que também ajo com amor até a milésima geração para com aqueles que me amam e guardam os meus mandamentos. (Ex 20,6)

> Se ouvirdes estas normas e as puserdes em prática, Iahweh teu Deus também te manterá a Aliança e o amor que ele jurou a teus pais; (Dt 7,12)

O povo de Israel, diversas vezes, quebrou essa aliança, tanto por meio de atitudes que feriam os princípios da Aliança no Sinai quanto pela adoração de outros deuses. Apesar de suas infidelidades, várias vezes esse povo solicita a Deus que se recorde da Aliança e que, pelo **princípio da fidelidade**, aja com benevolência. Esse pedido pode ser encontrado em várias passagens da Sagrada Escritura, em especial nas súplicas feitas pelo Salmista:

> Recorda a tua compaixão, ó Iahweh, e o teu amor, que existem desde sempre. Não recordes os pecados de minha juventude, e minhas revoltas, lembra-te de mim conforme o teu amor, por causa da tua bondade, Iahweh. (Sl 24,6-7)

Assim, quanto mais a imperfeição humana – que corrompe a Aliança – é ressaltada, mais o termo *hesed* assume um sentido de misericórdia, que deve ser entendido como complementar ao de fidelidade. Existem referências a essa fidelidade divina em passagens de vários profetas:

> Celebrarei as graças de Iahweh, os louvores de Iahweh, por tudo que Iahweh fez por nós, por sua grande bondade para com a casa de Israel, pelo que fez na sua compaixão, segundo a grandeza do seu amor. (Is 63,7)

> Eu te desposarei a mim para sempre, eu te desposarei a mim na justiça e no direito, no amor e na ternura. (Os 2,21)

Entretanto, muitas vezes, *hesed* se refere à fidelidade e à misericórdia projetadas para o futuro, principalmente nos períodos históricos de profundo rompimento com Deus ou nos tempos exílicos. Nessas fases, evocam-se as promessas já realizadas no passado àqueles que foram símbolo de fidelidade em sua relação com o Senhor:

> Concederás a Jacó tua fidelidade, a Abraão tua graça, que juraste a nossos pais desde os dias de outrora. (Mq 7,20)

> Escutai-me e vinde a mim, ouvi-me e vivereis. Farei convosco uma aliança eterna, assegurando-vos as graças prometidas a Davi. (Is 55,3)

O termo **hén**, por sua vez, diferentemente de *hesed*, não faz referência direta ao contexto da Aliança, significando apenas "afeição". A palavra se refere à pessoa que agrada a Deus com sua vida e mantém com Ele um vínculo de fidelidade. Essa passagem aparece poucas vezes no Antigo Testamento. Em uma delas, no Livro dos Provérbios, *hén* expressa, de forma clara, a generosidade de Deus: "Ele zomba dos zombadores insolentes, mas aos pobres concede o seu favor" (Pr 3,34). Assim, a utilização desse termo acentua, de modo efetivo, a imagem de Deus, que, em sua plenitude, é misericordioso e benevolente.

Dessa maneira, podemos afirmar que a graça pode ser interpretada nos escritos veterotestamentários sob duas óticas: 1) a da fidelidade de Deus para com os seres humanos; e 2) a da misericórdia com que Ele acolhe a humanidade, mesmo diante de suas infidelidades.

5.1.2 A teologia da graça no Novo Testamento

No Novo Testamento, o tema da graça tem como centro e ápice a pessoa de Jesus Cristo. Nele, encerra-se o mistério salvífico do ser humano, no qual identificamos personificadas a bondade e a misericórdia de Deus.

Nos Evangelhos, a questão da graça aparece relacionada à ação de Jesus, ao seu ministério e à pregação do Reino de Deus. Na parábola dos trabalhadores enviados à vinha (Mt 20,1-16), há a narração de um patrão (Deus) que dá aos seus operários o salário de forma igualitária, o que nos leva a compreender que, no âmbito do Reino dos Céus, a graça é destinada a todos na mesma proporção e sem distinção.

No Evangelho de Lucas, as parábolas da misericórdia apresentam uma ótica profundamente relacional. Por intermédio das imagens de Pastor (Lc 15,1-7) e de Pai (Lc 15,11-32), Jesus anuncia uma nova forma de relacionamento com Deus, que é amoroso. Ao mesmo tempo, Ele salienta a necessidade do estabelecimento de uma relação de profunda confiança e amor, fundamentada na gratuidade.

Assim, como elucida Fries (1970a), a centralidade da questão da graça nos Evangelhos se encontra na própria pessoa de Jesus e no anúncio de que o Reino de Deus está próximo. Nesse contexto, a passagem do Evangelho de Lucas que narra a estada de Jesus em Nazaré ganha um sentido diferenciado:

> **Jesus em Nazaré** – Ele foi a Nazara[2], onde fora criado, e, segundo seu costume, entrou em dia de sábado na sinagoga e levantou-se para fazer a leitura. Foi-lhe entregue o livro do profeta Isaías; desenrolou-o, encontrou o lugar onde está escrito:

---

2 Forma rara do nome de Nazaré (cf. Mt 4,13).

> *O Espírito do Senhor está sobre mim, porque ele me consagrou pela unção para evangelizar os pobres; enviou-me para proclamar a libertação aos presos e aos cegos a recuperação da vista, para restituir a liberdade aos oprimidos e para proclamar um ano de graça do Senhor.*
>
> Enrolou o livro, entregou-o ao servente e sentou-se. Todos na sinagoga olhavam-no, atentos. Então, começou a dizer-lhes: "Hoje se cumpriu aos vossos ouvidos essa passagem da Escritura. Todos testemunhavam a seu respeito, e admiravam-se das palavras cheias de graça que saíam de sua boca. (Lc 4,16-22)

Podemos perceber nessa passagem que o ministério de Jesus não está relacionado apenas com o anúncio de um Deus benevolente e misericordioso, mas que suas obras – curas e milagres[3] – são sinais dessa benevolência e misericórdia; são sinais da graça de Deus.

No prólogo de seu Evangelho, São João afirma que a graça de Deus toma um aspecto concreto com a encarnação do Verbo. Quando João, referindo-se a Cristo, afirma que "de sua plenitude todos nós recebemos graça por graça" (Jo 1,16), ele salienta que a graça significa para os homens **vida** (Jo 1,4), **luz** (Jo 1,9) e **esplendor do amor de Deus**, características que conduzem à Salvação (Jo 3,16).

Nos Atos dos Apóstolos, a graça, além de ser concebida como benevolência divina (At 15,40), também é apresentada como um favor divino feito àqueles que acreditaram na ressurreição de Jesus e a testemunharam (At 11,23). Assim, "uma vez que a graça significa ajuda divina, favor e proximidade de Deus" (Fries, 1970a, p. 258), podemos concluir que ela indica todo o novo estado de vida do cristão, no qual a perseverança é necessária (At 13,43).

Nos escritos paulinos, a temática da graça também é abordada pela **perspectiva cristocêntrica**. A palavra utilizada para indicar a graça e

---

3 Cf. Jo 2,1-11; Lc 4,38-39; Lc 8,22-25; Lc 17,11-19; Mt 15,21-28; Mc 7,31-37.

sua ação é *Xaris*, que designa, de forma ampla, a Salvação concedida por Deus em Cristo. Assim, teologicamente, há dois significados que emanam desse termo: "salvação" e "gratuidade" – tendo em vista que a pessoa recebe o dom.

Preste atenção!

O termo *Xaris* é utilizado por São Paulo em suas Cartas como referência a dois termos hebraicos (que analisamos na seção anterior): *hén* e *hesed*. Ambos indicam o ato generoso de Deus para com o ser humano. O primeiro, de caráter mais unilateral, refere-se a situações ou pessoas específicas[4]. Já o segundo tem um sentido mais relacional e pressupõe o reconhecimento de que a iniciativa de Deus para com o ser humano tem um aspecto mais duradouro.

Em suas Cartas, São Paulo emprega o termo *Xaris* no lugar de *hén*, como sinônimo de *misericórdia*. Entretanto, de maneira geral, no Novo Testamento, utiliza-se a palavra *eleos* (misericórdia) como sinônimo de *hesed*. Assim, há uma inversão nas Cartas de São Paulo, visto que *Xaris* substitui *hén*, e não *hesed*.

Parece, portanto, que Paulo preferia *Xaris*, presumidamente, porque nele podia combinar os aspectos mais positivos de *hén* e *hesed*. Nesse sentido, *Xaris* denota a unilateralidade de *hén* e o compromisso duradouro de *hesed* (Dunn, 2003).

Considerando-se o que foi explicado, é importante salientar algumas características da graça na teologia paulina. Em primeiro lugar, ela é concebida a partir de uma ideia de bondade espontânea e de doação generosa por parte de Deus (Rm 12,3; 1Cor 3,10; Gl 2,9). A graça

---

[4] Por exemplo, a misericórdia de Deus destinada a Davi, mesmo quando este comete adultério (2Sm 11).

também é entendida como ação favorável de Deus com relação à pessoa (2Cor 12,9), – tem nele sua única fonte e apresenta uma única forma de expressão: o ato redentor de Cristo. Da mesma forma, a graça deve ser entendida por sua natureza unilateral, não havendo qualquer ideia de retribuição por parte da pessoa que recebe a graça (Dunn, 2003).

Na Carta aos Romanos, na mesma passagem em que São Paulo desenvolve o discurso sobre o pecado original (abordado anteriormente), ele estrutura seu discurso sobre a Salvação. Nele se encontra o ponto central das reflexões do apóstolo sobre a graça. Para São Paulo, Jesus é o novo Adão, por meio de quem a justificação é dada ao ser humano.

> Eis por que, como por meio de um só homem o pecado entrou no mundo e, pelo pecado, a morte, assim a morte passou a todos os homens, porque todos pecaram. (Rm 5,12)

> Entretanto, não acontece com o dom o mesmo que com a falta. Se pela falta de um só a multidão morreu, com quanto maior profusão a graça de Deus e o dom gratuito de um só homem, Jesus Cristo, se derramaram sobre a multidão. (Rm 5,12)

> Se, com efeito, pela falta de um só a morte imperou através desse único homem, muito mais os que recebem a abundância da graça e do dom da justiça reinarão na vida por meio de um só, Jesus Cristo. (Rm 5,17)

> De modo que, como pela desobediência de um só homem, todos se tornaram pecadores, assim, pela obediência de um só, todos se tornarão justos. (Rm 5,19)

Para São Paulo, a graça indica, antes de tudo, que "Deus, por sua ação salvífica, voltou-se pessoalmente para o homem por meio de Cristo" (Fries, 1970a, p. 256). Isso tornou possível a experiência da graça, entendida como comunhão com Jesus, que possibilita uma nova vida. Essa comunhão é expressa não somente pela experiência da graça, mas também por meio dos atos da pessoa, que não devem ser entendidos como retribuição da graça recebida, mas como atitudes graciosas que surgem pela experiência da graça (*Xaris*).

A forma mais plena de expressão da graça são os **carismas**, que devem ser compreendidos como presentes para a comunidade e exercidos em benefício do bem comum. Como esclarece Dunn (2003, p. 376), "O caráter da graça divina em Cristo era plenamente reconhecido e correspondido quando o recebedor se tornava veículo dessa mesma graça para os outros (2Cor 8-9). A graça de Deus assumia expressão característica não só na salvação do indivíduo, mas também na construção da comunidade" (Dunn, 2003, p. 376). Assim, a graça de Deus não pode ser entendida apenas como um benefício utilizado pela pessoa que a recebe: ela deve se tornar dom para a Igreja.

Por fim, não podemos deixar de destacar os discursos presentes nas Cartas Católicas, principalmente nas de Pedro e Judas, que enfatizam a necessidade de perseverança, pois o fruto da graça é a salvação do ser humano (1Pe 5,12; Jd 4).

5.1.3 O desenvolvimento da teologia da graça pela Tradição

O desenvolvimento da doutrina da graça pode ser interpretado por meio de diferentes chaves de leitura. Entretanto, todas essas chaves reconhecem que existe um problema teológico nessa doutrina, que envolve três grandes concepções: a de Deus, a de mundo e a de humano. Nesta obra, optamos por utilizar o critério da historicidade para analisar os desdobramentos da teologia da graça.

Nos primeiros séculos da Igreja, os Padres Apostólicos chamaram atenção para a necessidade de associação da justificação oferecida por Jesus por meio da graça a um compromisso ético de viver em conformidade com ela. Já os teólogos da patrística grega compreendiam a graça sob a ótica da Economia da Salvação, na qual o evento salvífico, mediante Cristo, "leva o homem a participar da vida divina, conforme o fim que lhe é assinalado desde sua criação" (Lacoste, 2004, p. 778).

Na patrística latina, a graça é considerada um auxílio divino que possibilita ao ser humano alcançar a Salvação. Em outras palavras, não é possível a pessoa ascender de sua condição de pecador sem o auxílio da graça. Santo Agostinho (354-430), principal representante dessa corrente teológica, ao se posicionar contrariamente ao pelagianismo, estruturou uma doutrina não somente sobre o pecado (como visto no Capítulo 4), mas também sobre a graça. Para ele, a graça sustenta e fortifica a pessoa na escolha de afastar-se do mal e fazer o bem (Agostinho, 1999).

Figura 5.1 – A doutrina da graça na teologia de Agostinho

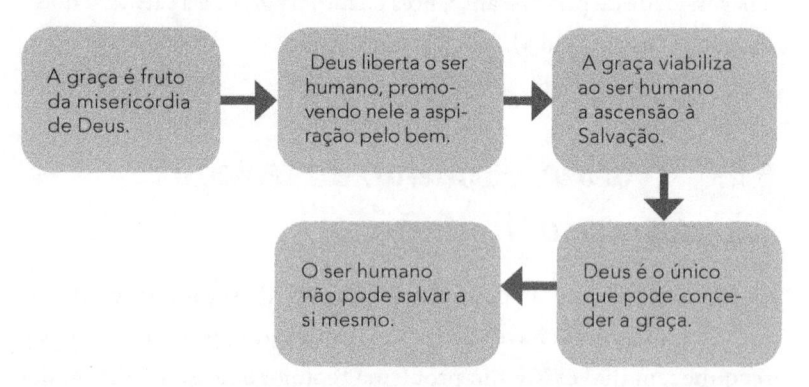

```
A graça é fruto da misericórdia de Deus. → Deus liberta o ser humano, promovendo nele a aspiração pelo bem. → A graça viabiliza ao ser humano a ascensão à Salvação.
                                                                                                                    ↓
O ser humano não pode salvar a si mesmo. ← Deus é o único que pode conceder a graça.
```

Assim, na teologia de Agostinho, "para além das instruções e modelos exteriores, o homem tem necessidade de uma força interior cuja iniciativa determina, radical e integralmente, o processo salvífico" (Lacoste, 2004, p. 779).

Na Escolástica, mais especificamente nas reflexões de Santo Tomás de Aquino (1225-1274), salienta-se que o ser humano está destinado, desde a Criação, à comunhão com Deus. No entanto, essa comunhão somente é possível por meio da colaboração da graça, que, ao ser relacionada às escolhas do ser humano, torna-se um hábito (Tomás de Aquino, 2005b).

Posteriormente, o Concílio de Trento (1545-1563) deu uma importante contribuição para o desenvolvimento da teologia da graça ao se posicionar de forma contrária à tese de Martinho Lutero (1483-1546). Para o reformador, a salvação humana necessita somente da ação da graça, ao passo que os documentos conciliares determinam que, além da graça, há a necessidade de uma conduta moral ilibada, assim como é preciso realizar obras de misericórdia por aquele que é justificado.

Pense a respeito

Lutero em sua leitura existencial da doutrina agostiniana do pecado original, identificado por ele como a concupiscência, resgata a centralidade da necessidade da graça (*sola gracia*), indissociavelmente ligada à necessidade da fé (*sola fide*), da Escritura (*sola scriptura*) e do Cristo (*solo Christus*) para a justificação do pecador [...]. Lutero tem uma desconfiança profunda em relação ao que fazemos em vista de nossa salvação (obras). Para ele, nossas obras não ajudam em nada para nossa justificação. No fundo, ele privilegia a graça como *auxilium* em detrimento da graça como *habitus* ou virtude.

Fonte: Mori, 2007, p. 608.

É importante salientar que, no que tange ao cerne da doutrina sobre a graça, o Magistério da Igreja não sugeriu modificações desde os dogmas do Concílio de Trento. É essa a doutrina reafirmada em vários documentos oficiais. O próprio Concílio Vaticano II (1962-1965) não se dedica de maneira mais aprofundada ao tema, corroborando a doutrina já estabelecida pela Igreja ao salientar que somente por meio do auxílio da graça é que a vida humana vincula-se a Deus e estabelece uma vida de ordenamento ético (GS, n. 17).

Da mesma forma, o Catecismo da Igreja Católica (CIC) salienta que a graça é a participação na vida divina, reafirmando a doutrina da graça já estabelecida pelo Magistério da Igreja (CIC, n. 1997).

5.2 A experiência da graça como fonte de transformação do pecador

Um dos pontos relevantes a serem destacados na doutrina da graça é o processo de transformação que sua experiência deve desencadear na vida humana. Afinal, a ação da graça tem como princípio a comunhão com a natureza divina e contrapõe-se necessariamente a toda a dinâmica de corrupção e degeneração própria do mundo. Dessa forma, fomenta a renovação interior da pessoa que perpassa o processo de justificação e de santificação.

Em sua segunda epístola, São Pedro enfatiza essa dimensão ao afirmar:

> Por elas nos foram dadas as preciosas e grandíssimas promessas, a fim de que assim vos tornásseis participantes da natureza divina, depois de vos libertardes da corrupção que prevalece no mundo como resultado da concupiscência.
>
> Por isso mesmo, aplicai toda a diligência em juntar à vossa fé a virtude, à virtude o conhecimento, ao conhecimento o autodomínio, ao autodomínio a perseverança, à perseverança a piedade, à piedade o amor fraterno e ao amor fraterno a caridade. Com efeito,

se possuirdes essas virtudes em abundância, elas não permitirão que sejais inúteis nem infrutíferos no conhecimento de nosso Senhor Jesus Cristo. (2Pd 1,4-8)

É possível perceber que há, nessa dimensão, duas condições em que o ser humano pode se encontrar: na corrupção que o mundo proporciona ou em comunhão com Deus. A escolha entre essas duas condições se fundamenta no conhecimento de Jesus, que ocorre por meio da experiência da graça. Esse provavelmente é o ponto central da doutrina: a relação com Cristo é que auxilia a pessoa a se afastar da corrupção do mundo e a desenvolver as virtudes que culminam em uma vida espiritual e moralmente fundamentada no amor fraterno.

Na teologia paulina também está presente esse enfoque. Em suas epístolas, São Paulo utiliza o termo *nova criação* para indicar a pessoa que fez a experiência da graça e está em comunhão com Cristo.

> Se alguém está em Cristo, é nova criatura. Passaram-se as coisas antigas; eis que se fez realidade nova. (2Cor 5,17)

> Ademais, nem a circuncisão é alguma coisa, nem a incircuncisão, mas a nova criatura. (Gl 6,15)

> Pois somos criaturas dele, criados em Cristo Jesus para as boas obras que Deus já antes preparara para que nelas andássemos. (Ef 2,10)

É interessante notar que esses versículos demonstram que a vida nova está relacionada diretamente à forma como a pessoa percebe sua existência e, mediante essa percepção, fundamenta seus valores e suas ações. Não é, portanto, uma simples opção moral ou, ainda, uma escolha deliberada.

Como afirma São João em sua primeira carta, "Todo aquele que nasceu de Deus não comete pecado, porque sua semente permanece nele; ele não pode pecar porque nasceu de Deus" (1Jo 3,9). O nascimento em Deus só pode ocorrer por meio da graça, a qual é responsável pela transformação do ser humano – sendo, pois, uma consequência da presença de Cristo em sua vida.

Santo Agostinho aborda de uma forma muito pessoal a questão da transformação pela graça. Em seu livro *Confissões*, uma autobiografia espiritual, ele expressa essa dimensão com base na própria experiência. Iniciando com a declaração "Tarde te amei", Agostinho apresenta uma narração que pode ser readequada à situação espiritual de todo cristão.

> Tarde te amei, Beleza tão antiga e tão nova, tarde te amei! Eis que estavas dentro de mim, e eu lá fora, a te procurar! Eu, disforme, me atirava à beleza das formas que criaste. Estavas comigo, e eu não estava em ti. Retinham-me longe de ti aquilo que nem existiria se não existisse em ti. Tu me chamaste, gritaste por mim, e venceste minha surdez. Brilhaste, e teu esplendor afugentou minha cegueira. Exalaste teu perfume, respirei-o, e suspiro por ti. Eu te saboreei, e agora tenho fome e sede de ti. Tocaste-me, e o desejo de tua paz me inflama. (Agostinho, 1997, p. 89)

Santo Tomás de Aquino, por sua vez, ao refletir sobre a questão da vida nova pela graça de Deus, salienta que esta não pode ser alcançada pelas forças meramente humanas, mas apenas com o auxílio proporcionado pelo próprio Deus. É Ele quem ajuda a pessoa e a eleva diante de sua simples condição criatural, proporcionando uma transformação interior profunda. O humano assim transformado pode viver uma vida virtuosa, fazendo o uso correto da graça por meio da caridade. Nesse ponto, Tomás de Aquino demonstra que é criado no homem um novo *habitus*, ou seja, uma constância no comportamento pautado nas virtudes: "Por que a graça do Espírito Santo é como o hábito interior a nós infuso, que nos inclina a agir retamente, leva-nos livremente a fazer aquelas coisas que convêm à graça e a evitar aquelas que repugnam à graça" (Tomás de Aquino, 2005b, p. 822).

No fim do século XIX e início do século XX, teólogos de diversas tendências passaram a abordar a questão da vida nova mediante a ação da graça. Por meio do resgate das reflexões de Santo Agostinho e de Santo Tomás de Aquino, assim como de uma reflexão teológica sobre o Espírito Santo, esses teólogos desenvolveram suas análises buscando soluções para a relação entre **natureza, liberdade** e **graça**, à luz da experiência humana concreta. Entre esses teólogos destacamos Henri de Lubac (1896-1991), Romano Guardini (1885-1968) e Karl Rahner (1904-1984).

De acordo com Henri de Lubac, todas as pessoas têm um desejo inato de contemplar Deus, algo que está profundamente enraizado na natureza humana. Essa natureza não deve ser analisada em sua forma pura, mas inserida em um contexto histórico, no qual a ação da graça acontece. Para Lubac, a Revelação é uma realidade viva, "por isso, [a forma] mais adequada para entendê-la é o procedimento histórico, pois é na realidade histórica que se concretizam as realidades divinas [...] e espirituais" (Mondin, 1979, p. 264).

Romano Guardini, por sua vez, fundamenta suas análises sobre a graça no aspecto dialógico, que contempla o encontro entre a pessoa e o divino. Ele afirma que o ser humano, por sua constituição de criatura, é chamado a se realizar nesse encontro, o qual lhe permite ascender a Deus. Nesse sentido, a graça tem uma função primordial: ela é o vínculo que proporciona essa dinâmica de acolhimento mútuo e que se expressa por meio da vivência espiritual e ética do ser humano.

Preste atenção!
Henri Sonier de Lubac (1896-1991)

Teólogo e sacerdote católico da Companhia de Jesus. Doutor em Teologia, a partir de 1931 começou a lecionar história das religiões na Universidade de Lyon.

Dentre as suas várias publicações destacamos *Sobrenatural*, no qual revisita esse conceito a partir de uma dimensão histórica e social e a ele tece uma crítica contundente. O problema levantado por ele pode ser formulado da seguinte maneira: a natureza humana enquanto tal, comporta um desejo do divino, ou não? No fundo, a pretensão de Lubac é saber se ela é uma natureza fechada ou aberta a Deus.

Foi convocado por João XXIII para participar da Comissão Teológica do Concílio Vaticano II, trabalhando para que a Igreja e os discursos teológicos se abrissem à realidade histórico-social.

Fonte: Passos; Sanchez, 2015, p. 247-248.

Romano Guardini (1885-1968)

Teólogo e sacerdote da Igreja Católica, Guardini assumiu a cátedra de teologia dogmática da Universidade de Breslávia em 1923.

Em sua reflexão teológica, dedica-se a uma dupla preocupação: "chegar a entender o fenômeno da existência cristã; e restituir a tal existência a profunda unidade que a cultura moderna parece ter destruído irremediavelmente". Para ele, não há rupturas entre a filosofia, arte e cultura modernas e a vivência cristã, o que houve foi uma apropriação ilegítima de certos valores espirituais. Assim, dedica boa parte de sua obra a discutir formas de orientar a existência humana para Deus.

Fonte: Mondin, 1987, p. 73.

Karl Rahner salienta que a natureza do ser humano não pode ser considerada pura, e sim a de um ser histórico e concreto. Desse modo, para esse teólogo, a experiência da graça deve ocorrer no contexto da vida humana cotidiana, tendo em vista que ambas (experiência e vida) estão orientadas para a busca do transcendente. Assim, o ser humano que se abre a essa busca experimenta Deus como mistério que o guia em suas escolhas e decisões concretas. Para Rahner (citado por Ladaria, 2000), a renovação própria da graça possibilita ao ser humano derivar suas ações por meio do próprio Deus.

> O ponto de partida é que o homem é uma criatura chamada à comunhão com Deus e, portanto, não tem chance de atingir sua plenitude senão nessa mesma comunhão [...]. Mas esse fim é superior ao que o homem pode alcançar a partir de suas forças naturais. [Ele] Necessita, portanto, de um auxílio que o ajude a alcançar esse fim: "elevar-se" acima de seu status como mera criatura e dar-lhe a capacidade de fazer o bem. Dessa forma, é-lhe proporcionada essa elevação, que ocorre por meio da graça. O fracasso em alcançar esse fim é derivado de sua condição de criatura. A natureza sofre as consequências do pecado [...]. Por essa razão, a graça deve ter um efeito curador, que deverá conceder ao homem aquelas forças de que sua natureza foi privada por causa do pecado. Sem essa graça, o homem não pode ficar muito tempo sem pecar, ainda que possa fazer algumas boas obras. (Ladaria, 2000, p. 167, tradução nossa)

O CIC ressalta que um dos primeiros frutos da graça é a conversão, que precede a justificação: "Sob a moção da graça, o homem se volta para Deus e se aparta do pecado, acolhendo, assim, o perdão e a justiça do alto. A justificação comporta a remissão dos pecados, a santificação e a renovação do homem interior" (CIC, n. 1989). Nesse sentido, a graça tem o poder de fornecer a justificação, de "purificar-nos de nossos pecados e comunicar-nos 'a justiça de Deus pela fé em Jesus Cristo'" (CIC, n. 1987).

Assim, a graça que justifica o ser humano também o torna capaz de "crer em Deus, de esperar nele e de amá-lo por meio das virtudes teologais; [...] de viver e agir sob a moção do Espírito Santo por seus dons; e de [...] crescer no bem pelas virtudes morais" (CIC, n. 1266). No entanto, ainda podemos nos questionar: Como permanecer perseverante no caminho da justificação doada por meio da graça? O CIC aponta algumas possibilidades, entre as quais destacamos a **vivência do sacramento da penitência** (CIC. 1446) e a **prática de obras de caridade** (CIC, n. 2001).

5.3 O primado de Deus na vida humana: a predestinação e a conformidade com Cristo

Por meio da experiência da graça, o ser humano tem a possibilidade de estabelecer um relacionamento próximo com Deus, o qual gera um processo de transformação interior. Esse processo é identificado pelas escolhas e ações humanas, que dependem diretamente do auxílio divino. Entretanto, o indivíduo sempre é considerado como sujeito perante Deus, capaz de utilizar sua liberdade para fazer o bem e viver a virtude.

Importante!
Diferença entre livre-arbítrio e liberdade

O livre-arbítrio é a capacidade humana de escolha, fundamentada na autonomia. A liberdade, por sua vez, é fruto da graça, pois o homem liberto do pecado é livre para escolher o bem.

De acordo com o CIC,

> A liberdade é o poder, baseado na razão e na vontade, de agir ou não agir, de fazer isto ou aquilo, portanto, de praticar atos deliberados. Pelo livre-arbítrio, cada qual dispõe sobre si mesmo. A liberdade é, no homem, uma força de crescimento e amadurecimento na verdade e na bondade. A liberdade alcança sua perfeição quando está ordenada para Deus, nossa bem-aventurança. (CIC, n. 1731)

A liberdade, quando orientada para Deus, é vivida em sua plenitude. Como afirma Ladaria (2016, p. 128), "A liberdade é a capacidade de realizar o bem, e não é porque esse bem é dom de Deus que ele é menos autenticamente do homem. A iniciativa de amor de Deus é tal que não elimina a responsabilidade do homem, antes a suscita". Assim, é na liberdade que a pessoa é chamada a se relacionar com Deus e a viver, por meio da graça, uma vida de virtude.

Contudo, não é possível estabelecer os limites e os pontos de convergência entre graça e liberdade. De um lado, está a possibilidade de resistência da liberdade humana diante da eficácia da graça e, de outro, o poder desta para suplantar as resistências da liberdade. Nesse sentido, trata-se de um mistério que se fundamenta na questão da predestinação.

Importante!

Podemos definir *predestinação* como a ação de Deus. Como artífice de todas as coisas, essa ação incita a vontade humana, de maneira que as decisões da pessoa, realizadas na liberdade, sejam, em última instância, reflexo da vontade divina.

Nas Sagradas Escrituras, há diversos exemplos de predestinação, como povos e pessoas que foram instrumentos de cólera e destruição

(Is 10,5ss) ou de misericórdia (Is 45,1ss). Dessa forma, como entender a dinâmica da ação de Deus com relação à liberdade humana?

Segundo Rahner et al. (1968b), a Tradição proporcionou diversas interpretações sobre o tema, fundamentadas em várias visões abstratas de Deus e da ação divina. Para o autor, o verdadeiro problema da noção de predestinação está na incapacidade humana de expressar o modo como Deus age por meio da liberdade cedida ao homem. Afinal, o que concebemos, de forma abstrata, como uma verdade metafísica nada mais é que a harmonização entre graça e liberdade. A onipotência de Deus e a eficiência da graça devem sempre estar equilibradas com a liberdade humana e com a misericórdia divina.

Nessa perspectiva, a predestinação não está relacionada com a determinação, pois não há possibilidade de escolha, de liberdade. Compreender isso é fundamental, pois a relação humana com Deus não é uma relação assimétrica com um ser absoluto, mas um diálogo fundamentado na misericórdia.

> A onipotência de Deus e a eficiência da graça devem sempre estar equilibradas com a liberdade humana e com a misericórdia divina.

> O mistério da predestinação é primeiro e antes de tudo o de nossa eleição eterna em Jesus Cristo, para o louvor da sua glória, e da graça com que nos cumulou em seu Bem-amado. É claro que tal amor só pode implicar, da parte de Deus, um respeito infinito pela liberdade de seus beneficiários. Se ele nos predestinou a ser para ele filhos adotivos por Jesus Cristo, é em razão de nossa diferença radical em relação a seu Filho e a ele, diferença que ele quis respeitar ao mesmo tempo em que nos cumulou de toda benção espiritual nos céus, em Cristo. (Lacoste, 2004, p. 1423)

Assim, podemos concluir que a predestinação não suprime a liberdade da pessoa, sua responsabilidade ou sua relação dialógica com Deus, mas constitui o pressuposto de toda essa dimensão, pois a vontade de Deus é o homem livre.

Síntese

Neste capítulo, destacamos que o pecado pode ser sanado somente por meio da graça. Por isso, a teologia da graça é um dos temas fundamentais da antropologia teológica.

Conforme analisamos, no Antigo Testamento, a graça aparece como fidelidade e misericórdia divinas. No Novo Testamento, essas duas características são personificadas em Cristo, tendo em vista que é por meio Dele que a Salvação chega à humanidade. Assim, a Salvação oferecida ao indivíduo possibilita sua busca pela santificação.

Também demonstramos que, na Tradição, essa reflexão é aprofundada. O ser humano está destinado, desde a Criação, à comunhão com Deus, possibilitada pela graça. Nela, ele encontra a justificação, que se expressa por meio de um ordenamento ético. Nesse sentido, a graça é compreendida como aquilo que viabiliza a transformação da pessoa, algo que ocorre por uma harmonização com a liberdade humana.

Indicação cultural

KUNRATH, P. A. O mistério da graça divina e a colaboração humana no processo de justificação. **Teocomunicação**, Porto Alegre, v. 37, n. 156, p. 187-202, jun. 2007. Disponível em: <http://revistaseletronicas.pucrs.br/ojs/index.php/teo/article/download/2701/2052>. Acesso em: 5 jun. 2018.

Nesse artigo, Pedro Alberto Kunrath aprofunda a análise da questão da graça no processo de justificação, salientando qual é o papel da colaboração humana.

Atividades de autoavaliação

1. No Antigo Testamento, não há nenhum termo que equivale a *graça*. Contudo, isso não significa que não existem referências a ela em seus textos. A chave de leitura para a relação entre Deus e o povo de Israel é o contexto da Aliança, inserido na dinâmica própria da Economia da Salvação. Os dois termos utilizados nessa conjuntura são *hesed* e *hén*. Qual é a definição de *hesed*?
    a) Fidelidade mútua nas relações; misericórdia.
    b) Infidelidade do ser humano a Deus; traição.
    c) Atitude humana de compaixão diante do pecado; afeição.
    d) Produção de maleficência oriunda do pecado; devaneio.

2. Indique a alternativa com o termo que completa corretamente o texto a seguir.

    No Novo Testamento, o tema da graça tem seu ápice na pessoa de Jesus Cristo. Nele, que é a personificação da bondade e da misericórdia de Deus, encerra-se todo o mistério salvífico. A palavra que é utilizada para indicar a graça e sua ação é _____, que designa, de forma ampla, a Salvação divina doada ao ser humano por meio de Cristo. Assim, teologicamente, há dois significados que emanam desse termo: "salvação" e "gratuidade".
    a) Fé.
    b) Iluminação.
    c) *Xaris*.
    d) Caridade.

3. Santo Tomás de Aquino, ao abordar a questão da vida nova pela graça de Deus, salienta que ela não pode ser alcançada pelas forças meramente humanas, mas somente com a ajuda de Deus. Esse auxílio possibilita que o indivíduo se eleve diante de sua simples

condição criatural, proporcionando uma transformação interior profunda por meio da participação divina. Assim, é criado no ser humano um novo *habitus*. Assinale a alternativa que expressa corretamente o significado do termo *habitus*:
a) Atitudes humanas baseadas em sua natureza.
b) A conversão que ocorre pela santificação plena do ser humano.
c) A ação de Deus que doa vida nova.
d) A virtude, ou seja, uma constância no comportamento.

4. Henri de Lubac afirma que todas as pessoas têm um desejo de contemplar Deus, algo que está profundamente enraizado na natureza humana. Essa natureza, no entanto, não deve ser entendida em sua forma pura, mas inserida em um contexto histórico, a fim de proporcionar a ação da graça.

Como o desejo de contemplar Deus é caracterizado por esse autor? Assinale a alternativa correta:
a) Inato.
b) Natural.
c) Finito.
d) Eterno.

5. Karl Rahner salienta que a natureza do ser humano não pode ser considerada pura. Para ele, a experiência da graça deve ocorrer no contexto da vida humana cotidiana. Isso porque tanto a experiência quanto a vida estão orientadas para a busca do transcendente. Assim, o ser humano que se abre a essa busca experimenta Deus como mistério que o guia em suas escolhas e decisões concretas. Como a natureza humana é caracterizada por esse autor?
a) Finita.
b) Predestinada.
c) Histórica e concreta.
d) Pecadora.

Atividades de aprendizagem

Questões para reflexão

1. Leia o fragmento a seguir e explique por que não há oposição entre a graça e a liberdade humana.

> ## Sobre a graça e a liberdade
>
> Deus chama o homem a uma comunhão pessoal com Ele, de sorte que a livre solicitude divina para com o homem não tem realmente efeito a não ser que ele lhe aquiesça livremente. É por isso que não existe relação de concorrência entre a graça e a liberdade. A graça age decerto soberanamente, não faz violência ao homem. Este, de seu lado, não é uma faculdade estática posta perante Deus, mas uma liberdade criada em vista de Deus, uma liberdade que o apelo da graça atualiza e torna capaz de aderir à dinâmica que a habita.
>
> A liberdade, oferecida por Deus e orientada para Ele como para seu fim, permanece porém uma liberdade aberta, que portanto pode igualmente recusar-se à graça, mas ela recusa então a solicitude de Deus, sem a qual perde-se a si mesma. Diante do homem em perdição, a graça apresenta-se como uma força de iniciativa que começa a romper os grilhões da liberdade acorrentada. Mas, nem por isto o homem é capaz de elevar-se a Deus por suas próprias forças, mas pelo menos recobra uma liberdade capaz de ser solicitada.
>
> [...]
>
> No jogo de interação da graça e da liberdade, Deus e o homem não representam, pois há duas causalidades concorrentes. A graça, ao contrário, vem ao encontro da liberdade e a liberta para agir em conjunção com ela. Essa cooperação da graça divina e da liberdade humana que cada uma encontra [...] sua eficácia inteira e específica,

sem por isso anular a do polo oposto: a graça se desdobra como força que inicia, torna possível, sustenta o esforço em direção a Deus.

Fonte: Lacoste, 2004, p. 782-783.

2. Leia o texto a seguir, extraído do Catecismo da Igreja Católica (CIC), e explique a forma como a graça atua por meio da justificação.

A graça do Espírito Santo tem o poder de nos justificar, isto é, purificar-nos de nossos pecados e comunicar-nos "a justiça de Deus pela fé em Jesus Cristo" e pelo batismo:

> Mas, se morremos com Cristo, temos fé de que também viveremos com Ele, sabendo que Cristo, uma vez ressuscitado dentre os mortos, já não morre, a morte já não tem mais domínio sobre Ele. Porque, morrendo, Ele morreu para o pecado [de] uma vez por todas; vivendo, Ele vive para Deus. Assim também vós considerai-vos mortos para o pecado e vivos para Deus em Cristo Jesus. (Rm 6, 8-11)

Pelo poder do Espírito Santo, participamos da Paixão de Cristo, morrendo para o pecado, e da sua ressurreição, nascendo para uma vida nova; somos os membros de seu Corpo, que é a Igreja, os sarmentos enxertados na Videira, que é Ele mesmo:

[...]

A primeira obra da graça do Espírito Santo é a **conversão** que opera a justificação segundo o anúncio de Jesus no princípio do Evangelho: "Arrependei-vos (convertei-vos), porque está próximo o Reino dos Céus" (Mt 4,17). Sob a moção da graça, o homem se volta para Deus e se aparta do pecado, acolhendo, assim, o perdão e a justiça do Alto. "A justificação comporta a remissão dos pecados, a santificação e a renovação do homem interior."

A justificação **aparta o homem do pecado**, que contradiz o amor de Deus, e lhe purifica o coração. A justificação ocorre graças à iniciativa da misericórdia de Deus, que oferece o perdão. A justificação reconcilia o homem com Deus; liberta-o da escravidão do pecado e o cura.

A justificação é, ao mesmo tempo, o **acolhimento da justiça de Deus** pela fé em Jesus Cristo. A justiça designa aqui a retidão do amor divino. Com a justificação, a fé, a esperança e a caridade se derramam em nossos corações e é-nos concedida a obediência à vontade divina.

A justificação nos foi **merecida pela paixão de Cristo**, que se ofereceu na cruz como hóstia viva, santa e agradável a Deus, e cujo sangue se tornou instrumento de propiciação pelos pecados de toda a humanidade. A justificação é concedida pelo Batismo, sacramento da fé. Torna-nos conformes à justiça de Deus, que nos faz interiormente justos pelo poder de sua misericórdia. Tem como alvo a glória de Deus e de Cristo, e o dom da vida eterna.

[...]

A justificação estabelece **a colaboração entre a graça de Deus e a liberdade do homem**. Do lado humano, ela se exprime no assentimento da fé à palavra de Deus, que convida o homem à conversão, e na cooperação da caridade, no impulso do Espírito Santo, que o previne e guarda:

> Quando Deus toca o coração do homem pela iluminação do Espírito Santo, o homem não é insensível a tal inspiração, que pode, aliás, rejeitar; e, no entanto, ele não pode tampouco, sem a graça divina, chegar pela vontade livre à justiça diante dele.

A justificação é **a obra mais excelente do amor de Deus**, manifestado em Cristo Jesus e concedido pelo Espírito Santo. Sto. Agostinho pensa que "a justificação do ímpio é uma obra maior que a criação dos céus e da terra", pois "os céus e a terra passarão, ao passo que a salvação e a justificação dos eleitos permanecerão para sempre". Pensa até que a justificação dos pecadores é uma obra maior que a criação dos anjos na justiça, pelo fato de testemunhar uma misericórdia maior.

Fonte: CIC, n. 1987-1994, grifo do original.

Atividade aplicada: prática

1. Para aprofundar seus conhecimentos sobre o tema da liberdade, releia a Seção 5.3 e leia os parágrafos 1731-1738 e 450 (nessa ordem) do Catecismo da Igreja Católica (CIC). Com base nessas leituras, reflita sobre como você, por meio de sua fé, vivencia sua liberdade. Depois, escreva um texto para sintetizar suas conclusões.

Considerações finais

Nesta obra, apresentamos uma análise do ser humano em seu relacionamento com Deus. Essa relação está fundamentada em duas premissas essenciais: a fé e a Revelação. Nesse sentido, assumimos como eixo analítico a Aliança firmada entre Deus e os homens, que nos permitiu esclarecer aspectos importantes da existência humana, como sua origem, sua essência e seu lugar no processo salvífico de Deus.

Para aprofundarmos a discussão proposta, organizamos esta obra por alguns temas teológicos considerados essenciais, como a Criação e a Salvação, a *Imago Dei*, o pecado original e a graça. Conforme demonstramos, as questões sobre o ser humano sempre permearam as análises teológicas e a doutrina da Igreja, que está fundamentada nas Sagradas Escrituras e na Tradição. Por esse motivo, recorremos a essas duas fontes de pesquisa, embora tenhamos apresentado também as teorias de diversos teólogos que versaram sobre o tema da pessoa humana em seu relacionamento com o Criador.

Iniciamos nosso estudo expondo o marco situacional da antropologia teológica, disciplina relativamente recente na teologia, tendo em vista que seu *status* epistemológico e metodológico começou a ser definido em meados do século XX. Para isso, apresentamos a conceituação de antropologia teológica e um panorama histórico das reflexões sobre essa temática, bem como as perspectivas atuais de análise, tendo como objetivo esclarecer as diferentes teorias da Tradição da Igreja sobre os temas relacionados à área.

Na sequência, promovemos uma análise da Criação e da Salvação no Antigo e no Novo Testamento, tendo como objetivo explicar os conceitos teológicos que fundamentam a doutrina da Criação e a relação existente entre o mistério salvífico de Jesus e sua mediação no processo de criação.

Posteriormente, examinamos o conceito de *Imago Dei* (imagem e semelhança de Deus), fundamentando essa reflexão nas Sagradas Escrituras, a fim de elucidar como o ser humano é compreendido no Antigo e no Novo Testamento e também pelo Magistério da Igreja.

Em seguida, discorremos sobre o pecado original e a condição de pecador, procurando esclarecer o desenvolvimento histórico-doutrinário do pecado original e as diferentes formas como o pecado é abordado nas Sagradas Escrituras. Também expusemos as diversas doutrinas sobre o pecado original presentes na Tradição da Igreja, bem como as interpretações feitas sobre o pecado, a fim de analisá-las mediante as perspectivas de algumas correntes teológicas.

Por fim, propusemos uma reflexão sobre a experiência da graça como fonte de transformação do pecador, uma releitura do primado de Deus na vida humana que considera a predestinação e a conformidade com Cristo. Nesse contexto, abordamos a teologia da graça e seus desdobramentos diante da finitude humana.

Ao longo do estudo realizado, demonstramos que o ser humano, mesmo sendo criatura, tem em si uma preleção, pois é o único que estabelece um vínculo dialogal com o Criador. Deus o cria à sua imagem e semelhança, a fim de estabelecer com ele uma relação íntima. Entretanto, por causa do pecado original, inicia-se um processo de alienação entre a pessoa humana e Deus. O homem pode encontrar sua redenção somente por meio da graça em Cristo, o grande Mediador. Sendo destinado desde a Criação à comunhão com Deus, o ser humano tem na graça a possibilidade de uma vida nova transformada em Cristo Jesus, expressa por meio de um ordenamento ético fundamentado na liberdade.

Esta obra objetivou proporcionar a você uma visão ampla sobre a antropologia como disciplina teológica, área que detém um campo de estudo complexo. Assim, esperamos ter contribuído, de algum modo, para seu processo de formação teológico-pastoral-eclesial.

Lista de abreviaturas

AG	Decreto *Ad Gentes*
CA	Carta Encíclica *Centesimus Annus*
CIC	Catecismo da Igreja Católica
CNBB	Conferência Nacional dos Bispos do Brasil
CTI	Comissão Teológica Internacional
DV	Constituição Dogmática *Dei Verbum*
GS	Constituição Pastoral *Gaudium et Spes*
IDV	Instrução *Donum Vitae*
LE	Encíclica *Laborem Exercens*
LG	Constituição Dogmática *Lumen Gentium*
LS	Carta Encíclica *Laudato Si'*

Referências

ABBAGNANO, N. **Dicionário de filosofia**. Tradução de Alfredo Bosi. 2. ed. São Paulo: M. Fontes, 1999.

AGOSTINHO, Santo. **A cidade de Deus**: parte 1. Tradução de Oscar Paes Leme. 4. ed. Petrópolis: Vozes, 2011. (Coleção Pensamento Humano).

AGOSTINHO, Santo. **A cidade de Deus**: parte 2. Tradução de Oscar Paes Leme. Petrópolis: Vozes, 1989.

AGOSTINHO, Santo. A correção e a graça. In: AGOSTINHO, Santo. **A graça (II)**. Tradução de Agustinho Belmonte. São Paulo: Paulus, 1999. p. 48-79. (Coleção Patrística, v. 13).

AGOSTINHO, Santo. A grandeza da alma. In: AGOSTINHO, Santo. **Contra os acadêmicos/A ordem/A grandeza da alma/O mestre**. Tradução de Agustinho Belmonte. São Paulo: Paulus, 2008. p. 132-204. (Coleção Patrística, v. 24).

AGOSTINHO, Santo. **A Trindade**. Tradução de Agustinho Belmonte. São Paulo: Paulus, 1994. (Coleção Patrística, v. 7).

AGOSTINHO, Santo. **Comentário ao Gênesis**. Tradução de Agustinho Belmonte. São Paulo: Paulus, 2005. (Coleção Patrística, v. 21).

AGOSTINHO, Santo. **Confissões**. Tradução de Maria Luiza Jardim Amarante. São Paulo: Paulus, 1997. (Coleção Patrística, v. 10).

AQUINO JÚNIOR, F. de. A problemática da antropologia teológica. **Atualidade Teológica**, Rio de Janeiro, ano 17, n. 44, p. 267-291, maio/ago. 2013. Disponível em: <https://www.maxwell.vrac.puc-rio.br/22735/22735.PDF>. Acesso em: 6 jun. 2018.

BARROS, A. J. da S.; LEHFELD, N. A. de S. **Fundamentos de metodologia científica**. 3. ed. São Paulo: Pearson Prentice Hall, 2007.

BARROS, P. C. As fontes patrísticas: importância e atualidade para a Igreja. **Vida Pastoral**, ano 50, n. 269, p. 5-10, nov./dez. 2009. Disponível em: <http://www.vidapastoral.com.br/artigos/patristica/as-fontes-patristicas-importancia-e-atualidade-para-a-igreja/>. Acesso em: 6 jun. 2018.

BERKOUWER, G. C. **A pessoa de Cristo**. Tradução de A. Zimmermann e P. G. Hollanders. São Leopoldo: Aste, 1958.

BERKOUWER, G. C. **Doutrina bíblica do pecado**. São Leopoldo: Aste, 1970.

BÍBLIA – ASSOCIAÇÃO LAICAL DE CULTURA BÍBLICA. **Vademecum para o estudo da Bíblia**. São Paulo: Paulinas, 2005.

BÍBLIA. Português. **Bíblia de Jerusalém**. 12. reimp. rev. e ampl. São Paulo: Paulus, 2017.

BOFF, L. **Civilização planetária**: desafios à sociedade e ao cristianismo. Rio de Janeiro: Sextante, 2003.

BOFF, L. **O cuidado necessário**: na vida, na saúde, na educação, na ecologia, na ética e na espiritualidade. Petrópolis: Vozes, 2012.

BRAMBILLA, F. G. **Antropologia teologica**. 3. ed. Brescia: Queriniana, 2009.

CATECISMO da Igreja Católica. Petrópolis: Vozes; São Paulo: Paulus; Loyola; Ave Maria, 1993.

CNBB – Conferência Nacional dos Bispos do Brasil. **Fraternidade e pessoas com deficiência**. Texto Base da Campanha da Fraternidade 2006. Brasília, 2006.

CODA, P. L'uomo nel mistero di Cristo e della Trinità: l'antropologia della Gaudium et Spes. **Lateranum**, Roma, n. 54, p. 164-194, 1988.

CONCÍLIO VATICANO II. Constituição Dogmática Lumen Gentium. In: VIER, F. (Coord.). **Compêndio do Vaticano II**: constituições, decretos, declarações. 18. ed. Petrópolis: Vozes, 1986a. p. 37-118.

CONCÍLIO VATICANO II. Decreto Ad Gentes. In: VIER, F. (Coord.). **Compêndio do Vaticano II**: constituições, decretos, declarações. 18. ed. Petrópolis: Vozes, 1986b. p. 349-400.

CONCÍLIO VATICANO II. **Dei Verbum**. Roma, 18 de novembro de 1965. Disponível em: <http://www.vatican.va/archive/hist_councils/ii_vatican_council/documents/vat-ii_const_19651118_dei-verbum_po.html>. Acessado em: 6 jun. 2018.

CONCÍLIO VATICANO II. **Gaudium et Spes**. Roma, 7 de dezembro de 1965. Disponível em: <http://www.vatican.va/archive/hist_councils/ii_vatican_council/documents/vat-ii_const_19651207_gaudium-et-spes_po.html>. Acessado em: 6 jun. 2018.

CONGREGAÇÃO PARA A DOUTRINA DA FÉ. **Notificação sobre o livro "Igreja: carisma e poder. Ensaios de Eclesiologia Militante" de Frei Leonardo Boff, O.F.M.** Roma, 11 mar. 1985. Disponível em: <http://www.vatican.va/roman_curia/congregations/cfaith/documents/rc_con_cfaith_doc_19850311_notif-boff_po.html>. Acesso em: 6 jun. 2018.

CTI – Comissão Teológica Internacional. **Comunhão e serviço**: a pessoa humana criada à imagem de Deus. 2004. Disponível em: <http://www.vatican.va/roman_curia/congregations/cfaith/cti_documents/rc_con_cfaith_doc_20040723_communion-stewardship_po.html>. Acesso em: 6 jun. 2018.

DANIÉLOU, J. **Nueva historia de la Iglesia**: desde los orígenes a San Gregorio Magno. Tradução de Mariano Herranz Marco e Alfonso de la Fuente Adánez. Madrid: Cristiandad, 1964.

DUNN, J. D. G. **A teologia do apóstolo Paulo**. Tradução de Edwino Royer. São Paulo: Paulus, 2003.

FAUS, J. L. G. **Proyecto de Hermano**: visión creyente del hombre. Santander: Sal Terrae, 1987.

FLICK, M.; ALSZEGHY, Z. **Il peccato originale**. Brescia: Queriniana, 1974. (Collana: Biblioteca di Teologia Contemporanea).

FRAILE, G. **Historia de la filosofía española**. Madrid: BAC, 1985. v. 1.

FRANCISCO, Papa. **Laudato Si' (Louvado Seja)**: sobre o cuidado da casa comum. São Paulo: Loyola; Paulus, 2015. (Coleção Documentos do Magistério).

FRIES, H. Conceito católico de revelação. In: FEINER, J.; LOEHRER, M. **Mysterium Salutis**: compêndio de dogmática histórico-salvífica. Tradução de Odilon Jaeger. Petrópolis: Vozes, 1972. v. I: Fundamentos de dogmática histórico-salvífica. Tomo I.

FRIES, H. **Dicionário de teologia**: conceitos fundamentais da teologia atual. São Paulo: Loyola, 1970a. v. II.

FRIES, H. **Dicionário de teologia**: conceitos fundamentais da teologia atual. São Paulo: Loyola, 1970b. v. IV.

GARCÍA RUBIO, A. **Elementos de antropologia teológica**. Petrópolis: Vozes, 2004.

GARCÍA RUBIO, A. **Unidade na pluralidade**. São Paulo: Paulus, 2006.

GEERTZ, C. **A interpretação das culturas**. Rio de Janeiro: LTC, 1989.

GESCHÉ, A. **A destinação**. Tradução de Euclides Martins Baldecin. São Paulo: Paulinas, 2004. (Coleção Deus para Pensar, v. 5).

GILSON, E. **A filosofia na Idade Média**. Tradução de Eduardo Brandão. São Paulo: M. Fontes, 1995.

GREGÓRIO DE NISSA. **A criação do homem/A alma e a ressurreição/A grande catequese**. Tradução de Bento Silva Santos. São Paulo: Paulus, 2011. (Coleção Patrística, v. 29).

GUNNEWEG, A. H. J. **Teologia bíblica do Antigo Testamento**: uma história da religião de Israel na perspectiva bíblico-teológica. Tradução de Werner Fuchs. São Paulo: Loyola, 2005. (Série Biblioteca de Estudos do Antigo Testamento).

HAMMAN, A. El acontecimiento Cristo, acción del Hijo. In: FEINER, J.; LOEHRER, M. **Mysterium Salutis**: manual de teología como historia de la salvación.

Tradução de Guilhermo Aparicio y Jesus Rey. 2. ed. Madrid: Cristiandad, 1980. v. 3: Fundamentos de la dogmática como historia de la salvación. p. 55-81.

HÄRING, B. **Il pecato in un'epoca di seccolarizzazione**. Tradução de Santino Raponi. 3. ed. Roma: Paoline, 1976.

JAPIASSÚ, H.; MARCONDES, D. **Dicionário básico de filosofia**. 4. ed. Rio de Janeiro: J. Zahar, 2006.

JOÃO PAULO II, Papa. **Centesimus Annus**. Roma, 1º de maio de 1991. Disponível em: <http://w2.vatican.va/content/john-paul-ii/pt/encyclicals/documents/hf_jp-ii_enc_01051991_centesimus-annus.html>. Acesso em: 6 jun. 2018.

JOÃO PAULO II, Papa. **Laborem Exercens**. Roma, 14 de setembro de 1981. Disponível em: <http://w2.vatican.va/content/john-paul-ii/pt/encyclicals/documents/hf_jp-ii_enc_14091981_laborem-exercens.html>. Acesso em: 6 jun. 2018.

KERN, W. A afirmação bíblica fundamental. In: FEINER, J.; LOEHRER, M. **Mysterium Salutis**: compêndio de dogmática histórico-salvífica. Tradução de Odilon Jaeger. Petrópolis: Vozes, 1972. v. II: A história salvífica antes de Cristo. Tomo II. p. 38-58.

KUNRATH, P. A. O mistério da graça divina e a colaboração humana no processo de justificação. **Teocomunicação**, Porto Alegre, v. 37, n. 156, p. 187-202, jun. 2007. Disponível em: <http://revistaseletronicas.pucrs.br/ojs/index.php/teo/article/download/2701/2052>. Acesso em: 6 jun. 2018.

LA PEÑA, J. L. R. de. **Teologia da Criação**. Tradução de José Ceschim. São Paulo: Loyola, 1989.

LACOSTE, J. Y. **Dicionário crítico de teologia**. Tradução de Paulo Meneses. São Paulo: Loyola, 2004.

LADARIA, L. F. **A Trindade**: mistério de comunhão. Tradução de Alda da Anunciação Machado. São Paulo: Loyola, 1993.

LADARIA, L. F. **Introdução à antropologia teológica**. Tradução de Roberto Leal Ferreira. 7. ed. São Paulo: Loyola, 2016.

LADARIA, L. F. **Teología del pecado original y de la gracia**: antropología teológica especial. 2. ed. Madrid: Biblioteca de Autores Cristianos, 2000.

LARAIA, R. de B. **Cultura**: um conceito antropológico. 13. ed. Rio de Janeiro: J. Zahar, 2000.

LAUAND, L. J. Antropologia e formas quotidianas: a filosofia de Tomás e nossa linguagem do dia a dia. In: LAUAND, L. J. **Sete conferências sobre Tomás de Aquino**. São Paulo: ESDC, 2006. p. 34-49 (Coleção Pensamento e Criatividade).

LIMA, A. **A graça, a fé, as obras e a salvação**. Brasília: Clube dos autores, 2003.

MONDIN, B. **Antropologia teológica**: história, problemas e perspectivas. Tradução de Maria Luiza Jardim de Amarante. São Paulo: Paulinas, 1979. (Coleção Teologia Hoje, v. 15).

MONDIN, B. **Introdução à filosofia**: problemas, sistemas, autores, obras. Tradução de J. Renard. 4. ed. São Paulo: Paulinas, 1990.

MONDIN, B. **O homem, quem é ele?** Elementos de antropologia filosófica. Tradução de Roberto Leal Ferreira. 2. ed. São Paulo: Paulinas, 1982.

MONDIN, B. **Os grandes teólogos do século vinte**. Tradução de José Fernandes. 2. ed. São Paulo: Paulinas, 1987. v. 1: Os teólogos católicos. (Coleção Teologia Hoje).

MORA, J. F. **Dicionário de filosofia**: k-p. Tradução de Marcos Bagno e Maria Stela Gonçalves. 2. ed. São Paulo: Loyola, 2004. Tomo III.

MORI, G. L. de. Os debates pós-conciliares sobre relação antropologia-cristologia feita pela Constituição Pastoral *Gaudium et Spes*, do Concílio Vaticano II. In: CONGRESSO NACIONAL DA ASSOCIAÇÃO NACIONAL DE PÓS-GRADUAÇÃO E PESQUISA EM TEOLOGIA E CIÊNCIAS DA RELIGIÃO, 5., 2015, Curitiba. **Anais**... Curitiba: PUCPR, 2015. Disponível em: <http://www2.pucpr.br/reol/index.php/5anptecre?dd1=15431&dd2=7819&dd3=pt_BR&dd99=pdf>. Acesso em: 6 jun. 2018.

MORI, G. L. de. Alguns elementos para se compreender hoje a Teologia da Graça. **Convergência**, Rio de Janeiro, ano 42, n. 408, p. 604-615, dez. 2007. Disponível em: <http://www.crbnacional.org.br/site/wp-content/uploads/2018/01/CONVERGENCIA_-408.pdf>. Acesso em: 6 jun. 2018.

MOSER, A. **O pecado**: do descrédito ao aprofundamento. Petrópolis: Vozes, 1996.

NASCIMENTO, A. O não divino assumido pelo Divino. **Contemplação**, n. 4, p. 2-18, 2012. Disponível em: <http://fajopa.com/contemplacao/index.php/contemplacao/article/view/25/48>. Acesso em: 6 jun. 2018.

NATEL, A. **Teologia da Reforma**. Curitiba: InterSaberes, 2016.

PANNENBERG, W. Fundamentação cristológica de uma antropologia cristã. **Concilium**, n. 86, 1973.

PASSOS, J. D.; SANCHEZ. W. L. **Dicionário do Concílio Vaticano II**. São Paulo: Paulus, 2015.

RAHNER, K. Reflexões fundamentais sobre antropologia teológica e a protologia no conjunto da teologia. In: FEINER, J.; LOEHRER, M. **Mysterium Salutis**: compêndio de dogmática histórico-salvífica. Tradução de Frei Edmundo Binder. 4. ed. Petrópolis: Vozes, 1972. v. II: A história salvífica antes de Cristo. Tomo II. p. 6-19.

RAHNER, K. **Teologia e antropologia**. Tradução de Hugo Assman. São Paulo: Paulinas, 1969.

RAHNER, K. et al. **Sacramentum Mundi**: Encyclopedia of Theology. New York: Herder, 1968a. v. 1.

RAHNER, K. et al. **Sacramentum Mundi**: Encyclopedia of Theology. New York: Herder, 1968b. v. 4.

RIBEIRO, H. **Ensaio de antropologia cristã**: da imagem à semelhança com Deus. Petrópolis: Vozes, 1995.

RIBEIRO, H. **Quem somos? De onde viemos? Para onde vamos?** Petrópolis: Vozes, 2007.

ROSA, M. **Antropologia filosófica**: uma perspectiva cristã. Rio de Janeiro: Jurep, 2004.

ROSS, S. Maria: humana, feminina, divina? **Concilium**, v. 327, 2008.

RUTHES, V. R. M. A secularização e o cristianismo a-religioso em Dietrich Bonhoeffer como proposta dialógica entre cultura e religiosidade. **Último Andar**, n. 27, p. 93-103, 2016. Disponível em: <https://revistas.pucsp.br/index.php/ultimoandar/article/view/27096/19200>. Acesso em: 6 jun. 2018.

RUTHES, V. R. M.; ESPERANDIO, M. R. G. Espiritualidade e produção de sentido no contexto da saúde. In: OISHI, A. C. E. N.; CHEMIN, M. R. C (Org.).

Reflexões bioéticas: a humanização do cuidado em saúde. Curitiba: Prismas, 2017. p. 121-141.

SAGRADA CONGREGAÇÃO PARA A DOUTRINA DA FÉ. **Instrução Donum Vitae**: sobre o respeito à vida humana nascente e a dignidade da procriação. São Paulo: Paulinas, 1987.

SCHILLEBEECKX, E. **História humana**: revelação de Deus. Tradução de João Rezende Costa. São Paulo: Paulus, 1994.

SCHILLEBEECKX, E. **Jesus**: a história de um vivente. Tradução de Frederico Stein. São Paulo: Paulus, 2008. (Coleção Teologia Sistemática).

SCHMIDT, W. H. **Introdução ao Antigo Testamento**. Tradução de Annemarie Höhn. 5. ed. São Leopoldo: Sinodal, 2013.

SILVA, D. da. O pecado original: raízes histórico-teológicas de uma controvérsia. **Revista de Cultura Teológica**, v. 17, n. 66, p. 71-91, jan./mar. 2009. Disponível em: <https://revistas.pucsp.br/index.php/culturateo/article/view/15492/11571>. Acesso em: 6 jun. 2018.

STIGAR, R.; TORRES, V. R.; RUTHES, V. R. M. Ciência da religião e teologia: há diferença de propósitos explicativos? **Revista Kerygma**, Engenheiro Coelho, v. 10, n. 1, p. 139-151, jan./jun. 2014. Disponível em: <https://revistas.unasp.edu.br/kerygma/article/view/599/637>. Acesso em: 6 jun. 2018.

STORNIOLO. I.; BALANCIN, E. M. **Como ler o Livro do Gênesis**: origem da vida e da história. São Paulo: Paulus, 1991. (Série Como Ler a Bíblia).

TARNAS, R. **A epopeia do pensamento ocidental**: para compreender as ideias que moldaram nossa visão de mundo. Tradução de Beatriz Sidou. 2. ed. Rio de Janeiro: Bertrand Brasil, 2000.

TEIXEIRA, F. Karl Rahner e as religiões. **Perspectiva Teológica**, v. 36, p. 55-74, 2004. Disponível em: <http://faje.edu.br/periodicos/index.php/perspectiva/article/download/462/884>. Acesso em: 6 jun. 2018.

TOMÁS DE AQUINO, Santo. **Suma contra los gentiles**. Tradução de M. Pla Castellano. Madrid: Católica, 1967.

TOMÁS DE AQUINO, Santo. **Suma teológica**. Tradução de Carlos Josaphat Pinto de Oliveira. São Paulo: Loyola, 2001. v. I.

TOMÁS DE AQUINO, Santo. **Suma teológica**. Tradução de Carlos Josaphat Pinto de Oliveira. São Paulo: Loyola, 2005a. v. II.

TOMÁS DE AQUINO, Santo. **Suma teológica**. Tradução de Carlos Josaphat Pinto de Oliveira. São Paulo: Loyola, 2005b. v. IV.

TOMÁS DE AQUINO, Santo. **Suma teológica**. Tradução de Carlos Josaphat Pinto de Oliveira. São Paulo: Loyola, 2009. v. III.

TOMÁS DE AQUINO, Santo. **Verdade e conhecimento**: questões disputadas "Sobre a verdade" e "Sobre o verbo" e "Sobre a diferença entre a palavra divina e a humana". Tradução, estudos introdutórios e notas de Luiz Jean Lauand e Mario Bruno Sproviero. 2. ed. São Paulo: M. Fontes, 2011.

VON RAD, G. **Teología del Antiguo Testamento**. Tradução de Fernando Carlos Vevia Romero. 6. ed. Salamanca: Sigueme, 1990.

WESTERMANN, C. **O Livro do Gênesis**: um comentário exegético-teológico. Tradução de Nélio Schneider. São Leopoldo: Sinodal; EST, 2013.

WOLFF, H. W. **Antropologia do Antigo Testamento**. Tradução de Antônio Steffen. São Paulo: Hagnos, 2007.

ZILLES, U. **Antropologia teológica**. São Paulo: Paulus, 2011. (Coleção Estudos Antropológicos).

Bibliografia comentada

FEINER, J.; LOEHRER, M. **Mysterium Salutis**: compêndio de dogmática histórico-salvífica. Tradução de Frei Edmundo Binder. 4. ed. Petrópolis: Vozes, 1972. v. 1: Fundamentos de dogmática histórico-salvífica.
Nesse manual de teologia dogmática, as relações entre Criação e Salvação são examinadas sob diferentes perspectivas, por diversos autores.

LADARIA, L. F. **Introdução à antropologia teológica**. Tradução de Roberto Leal Ferreira. 7. ed. São Paulo: Loyola, 2016.
Esse livro apresenta uma visão ampla da antropologia como disciplina teológica e aborda, de forma preliminar, os temas que constituem seu objeto de estudo.

MIRANDA, M. de F. **A salvação de Jesus Cristo**: a doutrina da graça. São Paulo: Loyola, 2004.
Nessa obra, Miranda apresenta um estudo sobre a doutrina da graça mediada por Cristo, expondo uma concepção de ser humano que, mesmo em sua finitude, busca a Deus pela experiência da graça.

MOSER, A. **O pecado**: do descrédito ao aprofundamento. Petrópolis: Vozes, 1996.

Essa obra aborda, de forma ampla e, ao mesmo tempo, profunda, a questão do pecado. Há uma seção específica em que o autor desenvolve a questão do pecado original com base na Tradição e nas tendências teológicas atuais.

RIBEIRO, H. **Ensaio de antropologia cristã**: da imagem à semelhança com Deus. Petrópolis: Vozes, 1995.

Nesse livro, Hélcion Ribeiro analisa, de maneira aprofundada, a doutrina da *Imago Dei*, apresentando suas fundamentações bíblicas e dogmáticas, assim como uma reflexão embasada em uma perspectiva histórico-científica.

TABORDA, F.; OLIVEIRA. P. R. (Org.). **Karl Rahner**: 100 anos, teologia, filosofia e experiência espiritual. São Paulo: Loyola, 2005.

Trata-se de uma coletânea de artigos de estudiosos que analisam as diversas abordagens teológicas de Karl Rahner, em especial sua contribuição para a antropologia teológica.

Respostas

Capítulo 1
Atividades de autoavaliação
1. b
2. a
3. c
4. c
5. b

Atividades de aprendizagem
Questões para reflexão
1. Por meio da Revelação cristã, que tem como base a Criação do ser humano à imagem e semelhança de Deus (*Imago Dei*) e consiste na Revelação d'Ele ao ser humano por intermédio de Cristo.

2. Os desafios metodológicos da antropologia teológica são a compreensão da vida humana por meio de sua dimensão teologal e a compreensão da Economia da Salvação, principalmente da Revelação de Cristo, como método de análise.

Atividade aplicada: prática

1.

Período Patrístico e Período Escolástico	Reforma e Contrarreforma	Do século XVIII ao Concílio Vaticano II	A reflexão antropológica no Concílio Vaticano II
A constituição da natureza humana: totalidade de corpo e alma.	Os estudos sobre a graça ganham um novo enfoque a partir do Concílio de Trento.	Surgem dois conjuntos de temas: (1) a Criação, a elevação e o pecado; e (2) a graça.	Busca cooperar na descoberta da solução dos principais problemas de nosso tempo.

Capítulo 2

Atividades de autoavaliação

1. d
2. b
3. a
4. b
5. b

Atividades de aprendizagem

Questões para reflexão

1. Jesus é concebido como o modelo ideal de ser humano. Adão, por sua vez, representa o ser humano caído, em pecado. Assim, ao reconhecermos que Jesus é o novo Adão, estamos afirmando que, por meio dele, podemos retornar a Deus, visto que Ele nos resgata do pecado.

2. Apesar do pecado, Deus nunca abandonou suas criaturas. Por meio da Criação, podemos contemplar o desejo divino de estabelecer uma relação próxima com o ser humano. Com esse intuito, Ele realizou diversas Alianças com seu povo, até que estabeleceu uma nova e eterna aliança em seu Filho, Jesus Cristo.

Atividade aplicada: prática

1.

Aliança com Noé (Gn 9)	<ul><li>Manifestação de Deus em razão do pecado humano; busca pela restauração dos valores e da conduta do homem e da mulher.</li><li>Bênção de fecundidade.</li><li>Mandamento para o domínio da Terra.</li><li>Estabelecimento de normas morais.</li></ul>
Aliança com Abraão (Gn 12)	<ul><li>Deus se manifesta como Deus único.</li><li>Promessa de uma grande descendência.</li><li>Bendição da posteridade.</li><li>Fidelidade de Deus.</li></ul>
Aliança com Moisés (Ex 19)	<ul><li>Estabelecimento dos mandamentos que deveriam guiar o povo de Deus.</li><li>Necessidade de obediência a Deus.</li><li>Fidelidade do povo ao culto feito ao Senhor.</li></ul>
Aliança com Davi (2Sm 23)	<ul><li>Estabilidade do reinado de Davi, que se tornou forte e próspero.</li><li>Reino do qual descenderia o Messias.</li><li>Necessidade de fidelidade a Deus.</li></ul>
Aliança com os Profetas (Is 61)	<ul><li>Promessa de salvação para o povo.</li><li>Necessidade de conversão do povo de Israel.</li><li>Premonição da vinda do Messias.</li></ul>

Diferença entre as alianças do Velho Testamento e a Nova Aliança: A Nova Aliança foi estabelecida quando Deus enviou à Terra seu Filho, possibilitando ao ser humano a redenção do pecado original. Assim, diferentemente das antigas alianças, a Nova Aliança permite a salvação do indivíduo e sua ressurreição em Cristo. Além disso, como único mediador entre a humanidade e Deus, Jesus restituiu a possibilidade da visão de Deus ao ser humano por meio do Verbo.

Capítulo 3
Atividades de autoavaliação
1. a
2. b
3. c
4. d
5. d

Atividades de aprendizagem
Questões para reflexão
1. Há uma interpretação de que o texto do Gênesis (Gn 1,28) que narra a ordem de Deus para que Adão dominasse a Terra moldou a concepção de que toda a criação poderia ser manipulada pelo ser humano segundo sua vontade. Entretanto, nessa passagem, não se solicita ao ser humano que domine a Terra, mas que cuide dela.

Assim, constitui um erro entender a dominação como uso equivocado do meio ambiente.

2. De acordo com o texto lido, o ser humano exerce o domínio sobre a realidade criada de forma ministerial, como vocação e dom que recebeu de Deus.

Atividade aplicada: prática

1.

Imagem	Modelo
A semelhança é entendida como uma característica intermediária entre o aspecto da diversidade e o da identidade em relação a determinada realidade.	O modelo constitui uma dimensão que é imitada, no sentido de reprodução da realidade. Se considerarmos Deus como o sumo modelo da Criação, esta deve representá-lo em níveis e de maneiras diferentes. O modelo em si é uma imitação, pois somente algo que pode ser reproduzido é um modelo.
A imitação constitui uma relação de comparação entre duas dimensões.	O modelo exige prioridade, pois tem todos os elementos originais que caracterizam seu ser, tornando-se, assim, superior à imagem.
A subordinação pressupõe a imagem como sendo sempre posterior e de menor perfeição em relação ao modelo do qual se origina.	O modelo requer originalidade, pois deve ser específico e particular.

Capítulo 4

Atividades de autoavaliação

1. c
2. c
3. b
4. b
5. c

Atividades de aprendizagem

Questões para reflexão

1. A doutrina do pecado original é considerada o reverso da Boa Notícia de Cristo porque é preciso reconhecer Cristo como fonte

da graça para que se possa reconhecer Adão como fonte do pecado. Assim, Jesus se apresenta como Salvador de todos.

2. Em Adão, o ser humano é reconhecido como um só corpo, um só homem. Tendo em vista essa unidade, todos os homens estão implicados no pecado de Adão. Contudo, ao se considerar a privação da justiça original, esse pecado não tem um caráter pessoal ou individual, ou seja, não é cometido pela pessoa.

Atividade aplicada: prática

Ontológica	Sociológica	Histórico-salvífica	Existencial
O pecado original é algo constitutivo da natureza do ser humano.	O pecado original é o pecado do mundo. Assim, mesmo sendo o pecado entendido em nível pessoal, ele permeia as interações humanas e as diferentes estruturas e instituições sociais.	Insere o pecado original na dinâmica da Economia da Salvação, que tem como base a lógica Criação-Encarnação-Redenção.	O pecado é entendido como a rejeição da verdade que dá significado à vida humana. A preocupação dos teólogos que defendem essa posição é esclarecer o significado subjetivo e pessoal da Revelação.

Capítulo 5

Atividades de autoavaliação

1. a
2. c
3. d
4. a
5. c

Atividades de aprendizagem

Questões para reflexão

1. A graça age soberanamente: ela não se impõe e não comete violência contra o ser humano. Já a liberdade não é uma realidade estática

posta perante Deus, mas algo criado em vista de Deus. Dessa forma, a liberdade tem sua expressão no apelo à graça, que atualiza o ser humano e o torna capaz de aderir à dinâmica de Deus.

2. A graça tem o poder de justificar o ser humano diante do pecado, concedendo a ele uma vida nova, por meio de sua primeira obra (a conversão). Desse modo, a justificação desliga a pessoa humana do pecado, ao mesmo tempo que a acolhe na justiça de Deus, realizada pela Paixão de Cristo. A justificação estabelece uma colaboração entre graça e liberdade, constituindo a obra mais excelente do amor de Deus, expressa em Jesus Cristo.

Atividade aplicada: prática

1. Pode-se vivenciar a liberdade por dois princípios: 1) o livre-arbítrio, considerado a capacidade de escolha com base na consciência moral; e 2) a liberdade fruto da graça, que motiva o crescimento e o amadurecimento pessoal tanto na verdade quanto na bondade, as quais, ordenadas para Deus, possibilitam alcançar a perfeição moral.

Sobre a autora

Vanessa Roberta Massambani Ruthes é mestra e doutora em Teologia pela Pontifícia Universidade Católica do Paraná (PUCPR). É especialista em Bioética e em Princípios Educacionais pela mesma instituição e especialista em Espiritualidade pela Faculdade Vicentina. Também fez cursos de aperfeiçoamento em Ética de la Investigación con Seres Humanos pela Organização das Nações Unidas para a Educação, a Ciência e a Cultura (Unesco) e em Ensino de Filosofia pela Universidade Federal do Paraná (UFPR). É licenciada em Filosofia pelas Faculdades Pe. João Bagozzi e em Pedagogia pelo Centro Universitário Internacional Uninter.

    Além de ser consultora e palestrante, atua como professora e gestora tanto na iniciativa privada quanto no setor público. Publicou livros nas áreas de teologia e filosofia, bem como vários artigos em periódicos científicos e jornais.

Os papéis utilizados neste livro, certificados por instituições ambientais competentes, são recicláveis, provenientes de fontes renováveis e, portanto, um meio **responsável** e natural de informação e conhecimento.

FSC
www.fsc.org
MISTO
Papel | Apoiando o manejo florestal responsável
FSC® C103535

mpressão: Reproset